ANGÉLICA ÁVILA FRANKLIN MENDES

A COISA JULGADA "INCONSTITUCIONAL" E OS MECANISMOS APTOS A SUA DESCONSTITUIÇÃO

Versão comercial da monografia apresentada ao curso de Direito do Centro de Ciências Jurídicas e Econômicas, Departamento de Direito, da Universidade Federal do Espírito Santo, como requisito parcial para obtenção do título de Bacharel em Direito (2011).

VITÓRIA/ES

Agradeço essa conquista a Deus por iluminar o meu caminho.

Aos meus pais por todo amor e incentivo na busca dos meus objetivos.

Ao meu irmão pela paciência, amizade e companhia.

Ao meu namorado, pelo apoio dispensado ao longo dessa jornada.

RESUMO

O presente trabalho trata da coisa julgada inconstitucional bem como dos mecanismos processuais aptos a impugná-la e, eventualmente, desconstituí-la. Inicia-se apresentando os princípios constitucionais relacionados com a matéria, ao que segue a demonstração de um breve histórico atinente a formação da coisa julgada, desde o direito romano até a atualidade, para depois apresentar os principais conceitos formulados em sede doutrinária a respeito da *res iudicata*. Define-se o instituto, apresentando seus aspectos formal e material, bem como seus limites. Após, atenta-se para a análise do controle de constitucionalidade, discorrendo tanto sobre o controle difuso, incidental e concreto, quanto a respeito do controle concentrado, principal e abstrato, onde se busca evidenciar os efeitos produzidos com a declaração de inconstitucionalidade da lei ou ato normativo cuja constitucionalidade tenha sido questionada, verificando-se, ainda, se recai sobre a declaração de inconstitucionalidade, em cada um desses controles, a autoridade da *res iudicata*. Feito isso, passa-se a análise da denominada coisa julgada inconstitucional, sendo apresentadas as hipóteses em que a mesma é constituída, bem como a concepção de alguns autores sobre a matéria. Após o reconhecimento da possíbilidade de relativização da coisa julgada que recai sobre sentença inconstitucional – permitida, em hipóteses excepcionais, a relativização do princípio da intangibilidade da *res iudicata* frente a outros princípios que lhe sejam superiores – são apresentados os mecanismos processuais através dos quais será possível impugnar e até desconstituir a coisa julgada inconstitucional, quais sejam, a ação rescisória, os embargos à execução e impugnação ao cumprimento de sentença, bem como a ação declaratória de nulidade ou *querela nullitatis*.

Palavras-chave: Coisa julgada. Intangibilidade. Princípio da Segurança Jurídica. Inconstitucionalidade. Supremacia da Constituição. Relativização. Desconstituição da coisa julgada inconstitucional. Ação rescisória. Embargos à execução. Impugnação ao cumprimento de sentença. Ação declaratória de nulidade.

SUMÁRIO

1. INTRODUÇÃO

O objeto de estudo do presente trabalho consiste na análise do instituto da coisa julgada, atentando-se para seu histórico, conceito e limites a fim de identificar a possibilidade de mitigação da *res iudicata*, quando a mesma acobertar uma sentença que seja incompatível com os preceitos constitucionais e, em sendo possível, verificar quais os mecanismos processuais poderão ser utilizados para impugná-la.

Nessa perspectiva, iniciaremos este trabalho – no capítulo segundo – fazendo um exame dos princípios relacionados à matéria, onde serão abordados os princípios do Estado Democrático de Direito, da legalidade, da separação de poderes, da segurança jurídica e da força normativa da Constituição.

No capítulo seguinte, ante a importância do conhecimento da origem do instituto para melhor compreendê-lo, realizaremos um apanhado histórico, em que será apresentado desde os indícios de formação da *res iudicata* no direito romano, passando pelo direito canônico e luso-brasileiro, até chegar a sua conformação nos dias atuais.

Ademais, ainda, no capítulo terceiro, serão apresentadas as diferentes concepções do instituto formuladas por doutrinadores consagrados em nosso direito, tais como: Pothier, Savigny, Chiovenda, Carnelutti, Liebman e Barbosa Moreira; bem como serão delimitados os limites, tanto objetivos quanto subjetivos deste instituto.

Prosseguindo, no capítulo quarto, trataremos do controle de constitucionalidade realizado diante das leis e atos normativos que tiverem sua constitucionalidade questionada, tanto por meio do controle difuso de constitucionalidade quanto através do controle abstrato. Momento em que serão apresentadas as características principais de cada controle, bem como os efeitos produzidos pela declaração de inconstitucionalidade da lei ou ato normativo em cada um deles, o que será de fundamental importância para a análise da possibilidade ou não de impugnar e, subsequentemente, desconstituir a coisa julgada inconstitucional.

No capítulo quinto, trataremos da coisa julgada inconstitucional. Em que serão apresentados os casos em que haverá a formação da coisa julgada inconstitucional, bem como as concepções de doutrinadores já consagrados a respeito da matéria.

Ainda nesse capítulo será analisado o conflito aparente entre o princípio da intangibilidade da *res iudicata* e os princípios constitucionais violados pela sentença impugnada, onde será demonstrado que excepcionalmente o princípio da intangibilidade da *res iudicata* – que se apresenta como uma regra em nosso ordenamento jurídico – poderá ceder diante de outros princípios que lhe sejam superiores, haja vista a necessidade de assegurar a supremacia da Constituição.

Assim, a fim de confirmar essa possibilidade serão apresentados os mecanismos que poderão ser utilizados para impugnar e, posteriormente, desconstituir a coisa julgada que recai sobre sentença inconstitucional, tais como, a ação rescisória, os embargos à execução, a impugnação ao cumprimento de sentença e a ação declaratória de nulidade (*querela nullitatis*).

Por fim, concluiremos o capítulo discorrendo a respeito dos efeitos que serão produzidos pela decisão que reconhece a inconstitucionalidade da coisa julgada.

2. ESTADO DEMOCRÁTICO DE DIREITO E PRINCÍPIOS CORRELACIONADOS AO INSTITUTO DA COISA JULGADA

2.1. ESTADO DEMOCRÁTICO DE DIREITO

O instituto da coisa julgada corresponde a um dos instrumentos do Estado Democrático de Direito, haja vista que o mesmo consubstancia um dos corolários da segurança jurídica. Em razão desse aspecto cumpre apresentarmos breves considerações a respeito.

Inicialmente insta observarmos que o modelo de Estado de cada período histórico dos países está intimamente relacionado com a evolução das gerações de direitos fundamentais. Sendo que somente com a evolução de tais direitos foi possível chegar à conformação atual de Estado Democrático de Direito.

Em razão disso, com base nas classificações de Paulo Bonavides esboçarei em breves linhas a correlação entre as gerações de direitos fundamentais, consideradas a partir da contitucionalização de direitos, e os modelos de Estados adotados.

Os direitos de primeira geração são os direitos relacionados ao valor liberdade, foram os primeiros a constarem do instrumento normativo constitucional, são eles os direitos civis, como direito à vida, à liberdade, à igualdade, à propriedade, e os direitos políticos. Tais direitos "tem por titular o indivíduo, são oponíveis ao Estado, traduzem-se como faculdade ou atributos da pessoa e ostentam uma subjetividade que é seu traço mais característico, enfim são direitos de resistência ou de oposição perante o Estado" [1].

Costuma-se afirmar que referidos direitos de primeira geração – direitos civis e políticos – têm status negativo, haja vista que exigem do Estado, sobretudo, uma abstenção. O modelo de Estado consagrado nos países em que passaram a assegurar tais direitos foi o chamado Estado Liberal ou Estado de Direito, caracterizado principalmente pela limitação do Estado ao direito (à lei), atuação da administração pública pautada na lei (observância ao princípio da legalidade), e, pela possibilidade de oposição dos direitos individuais ao Estado, trata-se da chamada eficácia vertical dos referidos direitos.

---

[1] BONAVIDES, Paulo. *Curso de direito constitucional.* 13. ed. São Paulo: Malheiros, 2003. p. 563.

Na segunda geração de direitos fundamentais, ocorrida, sobretudo no período entre a primeira e a segunda guerras mundiais, tendo em vista as mazelas sociais que estavam sendo verificadas pela sociedade e o aumento das desigualdades, foi imposto ao Estado que atuasse positivamente de modo a conferir a todos os direitos sociais, econômicos e culturais, direitos esses de cunho coletivo.

Nesse momento, em razão da própria necessidade de interferência do Estado na sociedade para garantir os direitos ditos de segunda geração, o modelo de Estado Liberal abstencionista passou a ser insuficiente, razão pela qual o Estado tornou-se um Estado Social, cujas principais características eram, justamente, o intervencionismo nas relações econômicas, sociais e laborais e a garantia de um mínimo de bem estar social à população.

Já a terceira geração de direitos fundamentais, foi consagrada no período pós-guerra e subsiste até a atualidade. Após a realização de diversas atrocidades com diversos povos em várias localidades do mundo, as novas constituições passaram a valorizar a dignidade da pessoa humana, tendo este princípio como valor absoluto.

Tecendo considerações a respeito dos direitos de terceira geração pontua Paulo Bonavides:

> "(...) Dotados de altíssimo teor de humanismo e universalidade, os direitos de terceira geração tendem a cristalizar-se no fim do século XX enquanto direitos que não se destinam especificamente à proteção dos interesses de um indivíduo, de um grupo ou de um determinado Estado. Têm primeiro por destinatário o gênero humano mesmo, num momento expressivo de sua afirmação como valor supremo em termos de existencialidade concreta. (...) Emergiram eles da reflexão sobre temas referentes ao desenvolvimento, à paz, ao meio ambiente, à comunicação e ao patrimônio comum da humanidade"[2].

Com base no afirmado por Bonavides, observa-se que os direitos de terceira geração apresentam caráter universal, transindividual, estando relacionados ao valor solidariedade. Podendo-se destacar entre eles o direito ao desevolvimento do Estado e do

---

[2] BONAVIDES, Paulo. *Curso de direito constitucional.* 13. ed. São Paulo: Malheiros, 2003. p. 569.

indivíduo, a autodeterminação dos povos, o direito de propriedade sobre o patrimônio comum da humanidade e o direito de comunicação.

Na quarta geração de direitos fundamentais Paulo Bonavides enquadra os direitos introduzidos pela globalização política, afirmando serem eles os direitos à democracia, à informação e ao pluralismo.

No constitucionalismo contemporâneo, que abarca a terceira e quarta gerações de direitos fundamentais, temos como modelo de Estado correspondente, o Estado Democrático de Direito, que busca associar os aspectos positivos dos modelos estatais anteriores (Estado Liberal e o Estado Social).

O Estado Democrático de Direito, também denominado por alguns autores de Estado Constitucional Democrático, visto que essa denominação valoriza a força normativa da Constituição, tem como principais características a introdução de novos mecanismos de participação popular direta e ampliação do direito de sufrágio, a busca efetivação dos direitos fundamentais assegurados constitucionalmente, a limitação do poder legislativo, e a jurisdição constitucional para assegurar a supremacia da Constituição.

Feitas essas considerações, importa apresentarmos um conceito claro e preciso a respeito do que seja o Estado Democrático de Direito. Para tanto, valho-me das seguintes lições de Gilmar Mendes:

> "Entende-se como Estado Democrático de Direito a organização política em que o poder emana do povo, que o exerce diretamente, ou por meio de representantes, escolhidos em eleições livres e periódicas, mediante sufrágio universal e voto direto e secreto, para o execício de mandatos periódicos, como proclama entre outras a Constituição brasileira. Mais ainda, já agora no plano das relações concretas entre o Estado e o indivíduo, considera-se democrático aquele Estado de Direito que se empenha em assegurar a seus cidadãos o exercício efetivo não somente dos direitos civis e políticos, mas também e sobretudo dos direitos econômicos, sociais e culturais, sem os quais de nada valeria a solene proclamação daqueles direitos" [3].

---

[3] MENDES, Gilmar Ferreira; COELHO, Inocêncio Mártires; BRANCO, Paulo Gustavo Gonet. *Curso de Direito Constitucional*. 2. ed. São Paulo: Saraiva, 2008. p. 149.

Em síntese observa-se que no Estado Democrático de Direito o próprio Estado curva-se aos ditames legais que edita, razão pela qual a sociedade mostra-se garantida pela previsibilidade dos atos estatais, haja vista que para a prática dos mesmos importa a existência de lei. Com isso os cidadãos têm a seu favor a garantia da segurança jurídica.

2.2. PRINCÍPIO DA LEGALIDADE

Um dos postulados em que se sustenta o Estado Democrático de Direito é o princípio da legalidade. Este está expressamente consagrado no inciso II, do art. 5º da nossa Constituição Federal, nos seguintes termos, "ninguém será obrigado a fazer ou deixar de fazer alguma coisa senão em virtude de lei".

Através desse princípio observa-se que a lei é o instrumento por meio do qual se conformam as relações sociais. Consagrando esse entendimento Inocêncio Coelho pontua que se trata de:

> "(...) um preceito multifuncional cujo núcleo essencial se espraia e se especifica no âmbito do ordenamento jurídico, dando origem a múltiplas expressões – *processo legislativo, devido processo legal, supremacia da lei, perante a lei, reserva da lei, anterioridade da lei, vigência da lei, incidência da lei, retroatividade e ultra-atividade da lei, repristinação da lei, lacunas da lei, legalidade administrativa, legalidade penal, legalidade tributária*, entre outras – as quais, embora distintas em sua configuração formal, substancialmente traduzem uma só e mesma idéia, a de que a lei é o instrumento por excelência de conformação jurídica das relações sociais"[4].

Ressalta-se, nos termos em que fazem os administrativistas[5], o princípio da legalidade é interpretado e aplicado diversamente quando diante de particulares ou do Estado, enquanto administração pública. Isto porque diante de particulares vige a regra segundo a qual é permitido fazer tudo quanto não esteja expressamente proibido ou vedado em lei – critério de não contradição à lei. Diversamente para o Estado e administradores públicos só é permitido atuar nos limites expressamente previstos em lei, isto é, o administrador

[4] MENDES, Gilmar Ferreira; COELHO, Inocêncio Mártires; BRANCO, Paulo Gustavo Gonet. *Curso de Direito Constitucional*. 2. ed. São Paulo: Saraiva, 2008. p. 149.
[5] Por todos: CARVALHO FILHO, José dos Santos. *Manual de Direito Administrativos*. 23. ed. Rio de Janeiro: Lumen Juris, 2010. p. 21-22.

somente pode fazer aquilo que está previsto em lei, trata-se do chamado critério de subordinação à lei.

2.3.   PRINCÍPIO DA SEPARAÇÃO DE PODERES

Outro princípio que instrui o Estado de Direito e que, inclusive possibilita a desconstituição da coisa julgada violadora da Constituição é o princípio da separação de poderes.

O primeiro autor a tratar da tripartição de poderes, ainda não nos moldes atuais, foi Aristóteles. Conforme citado por Pedro Eduardo Pinheiro Antunes de Siqueira, "Aristóteles observava, na *polis*, três operações principais: a deliberação (através da assembléia), o mando (exercido pela magistratura) e a justiça atribuída aos Tribunais" [6].

Ocorre que há autores, como o próprio Pedro Eduardo Pinheiro Antunes de Siqueira, que discordam que a separação de poderes foi tratada inicialmente por Aristóteles, afirmando ter a mesma surgido a partir dos ensinamentos de Montesquieu – que foi na verdade o mais brilhante de seus formuladores, que a desenvolveu nos moldes em que é verificada nos dias atuais.

Pedro Eduardo Pinheiro Antunes de Siqueira, contudo, aponta Locke como o primeiro nos tempos modernos a alertar sobre a utilidade de separarem-se os poderes. Nesse sentido preceitua o que segue, tratando inicialmente do desacerto de conferir a Aristóteles a primazia do tratamento sobre a matéria:

> "Não é correto, contudo, ver nesse pensador grego as origens da teoria da separação dos Poderes, já que ele se empenhava unicamente, em discernir as diversas formas de atividade dos atos estatais (não procurando estabelecer uma repartição das funções com base na distinção dos objetos que correspondem a cada uma delas). Ademais, ele admitia que, ao mesmo tempo, uma mesma pessoa fizesse parte da Assembléia Deliberante, da Magistratura e do Tribunal. Foi Locke, nos tempos modernos, o primeiro que alertou sobre a utilidade de separarem-se os poderes, embora não tenha desenvolvido uma teoria clara sobre o assunto" [7].

---

[6] SIQUEIRA, Pedro Eduardo Pinheiro Antunes de. *A coisa Julgada Inconstitucional*. Rio de Janeiro: Renovar, 2006. p. 23.
[7] SIQUEIRA, Pedro Eduardo Pinheiro Antunes de. *A coisa Julgada Inconstitucional*. Rio de Janeiro:

Mas, o que não se tem dúvidas, é que foi com Montesquieu que a teoria da separação de poderes foi tratada de forma clara e obteve expansão no constitucionalismo. Montesquieu distinguia três espécies de poderes: o legislativo; o executivo das coisas que dependem do direito das gentes; e, o executivo das que dependem do direito civil. Sendo que o legislativo elabora ou corrige as leis; o segundo corresponde ao poder executivo atual, decidindo sobre a paz ou guerra, entre outras atividades; e o terceiro – correspondente ao judiciário – julga as demandas dos particulares e pune os crimes.

Diante disso, vislumbrava Montesquieu que:

> "Tudo estaria perdido se o mesmo homem ou o mesmo corpo dos principais ou dos nobres, ou do povo, exercesse esses três poderes: o de fazer as leis; o de executar as resoluções públicas, e o de julgar os crimes ou as divergências dos indivíduos" [8].

Ressalta-se que a concepção de tripartição dos poderes apresentada por Montesquieu subsiste até os dias atuais – sendo que em nosso ordenamento jurídico é consagrada expressamente no art. 2º da Constituição Federal – tendo sido a mesma tão somente flexibilizada para ceder espaço, segundo Gilmar Mendes, à legislação emanada do Poder Executivo (como as medidas provisórias editadas com força de lei) e à legislação judicial que "são fruto da inevitável criatividade de juízes e tribunais, sobretudo das cortes constitucionais, onde é frequente a criação de normas de caráter geral, como as chamadas sentenças aditivas proferidas por esses supertribunais em sede de controle de constitucionalidade" [9].

Nesse contexto, a separação de poderes é importante para evitar eventual abuso de poder, de modo que cada um dos poderes atuando dentro de seus limites impede atuações abusivas e arbitrárias dos outros poderes. Trata-se do reconhecido sitema de "checks and balances", isto é, de freios e contrapesos.

Nesse contexto, visando a garantir a harmonia entre os poderes do Estado e a compatibilidade dos atos destes com a Constituição, os atos do poder legislativo e

---

Renovar, 2006. p. 23-24.

[8] Montesquieu (apud MENDES, Gilmar Ferreira; COELHO, Inocêncio Mártires; BRANCO, Paulo Gustavo Gonet. *Curso de Direito Constitucional*. 2. ed. São Paulo: Saraiva, 2008. p. 155).

[9] MENDES, Gilmar Ferreira; COELHO, Inocêncio Mártires; BRANCO, Paulo Gustavo Gonet. *op. cit.* p. 156.

executivo são submetidos ao controle de constitucionalidade a ser realizado pelo poder judiciário, situação em que constatada a existência de vício de inconstitucionalidade no ato normativo haverá a extinção do mesmo do ordenamento jurídico.

Por consonância, também os atos do poder judiciário deverão ser compatíveis com os preceitos constitucionais, razão pela qual, como defendem alguns autores na atualidade, em sendo constatado que a sentença sobre a qual recai a autoridade da coisa julgada é inconstitucional, deverá ser possível a desconstituição da *res iudicata*.

2.4. PRINCÍPIO DA SEGURANÇA JURÍDICA

O princípio da segurança jurídica é também um dos princípios gerais do Estado Democrático de Direito. Por meio da concretização deste busca-se conferir estabilização para as relações jurídicas já solucionadas.

Observa-se de logo a pertinência da análise deste princípio no estudo da coisa julgada inconstitucional, haja vista que, como será detalhadamente tratado adiante, o reconhecimento da possibilidade de desconstituir a coisa julgada que recai sobre sentença inconstitucional se dá por meio da mitigação do princípio da segurança jurídica frente a outros princípios constitucionais que lhe sejam prevalecentes, de forma a assegurar a justiça da decisão.

Embora o princípio da segurança jurídica não esteja expressamente consagrado em nossa Constituição, trata-se de um princípio constitucional implícito, uma vez que o mesmo pode ser extraído de algumas normas constitucionais, como, por exemplo, o inciso XXXVI, do art. 5º que ao preceituar que "a lei não prejudicará o direito adquirido, o ato jurídico perfeito e a coisa julgada", transparece a preocupação do constituinte com a necessidade de estabilizar as relações jurídicas e, assegurar a existência de segurança jurídica para as partes.

Na lei que regula o processo administrativo no âmbito da Administração Pública Federal (Lei 9.784/99), por sua vez, o legislador fez questão de dispor que entre os princípios aos quais a administração pública encontra-se vinculada a obedecer, está o da segurança jurídica. Por oportuno, transcrevo o *caput* do artigo 2º do mencionado diploma, que assim dispõe:

> Art. 2º A Administração Pública obedecerá, dentre outros, aos princípios da legalidade, finalidade, motivação, razoabilidade, proporcionalidade, moralidade, ampla defesa, contraditório, segurança jurídica, interesse público e eficiência.

2.5. PRINCÍPIO DA FORÇA NORMATIVA DA CONSTITUIÇÃO

De acordo com esse princípio, na aplicação da Constituição deve ser dada preferência a soluções concretizadoras de suas normas, que as tornem mais eficientes e permanentes.

Esse princípio não disponibiliza nenhum mecanismo para interpretar a Constituição Federal, na verdade consubstancia um conselho, ou como aponta Gilmar Mendes citando Friedrich Müller trata-se de um apelo "para que os aplicadores da Constituição, na solução dos problemas jurídico-constitucionais, procurem dar preferência àqueles pontos de vista que, ajustando historicamente o sentido das normas, confiram-lhe maior eficácia" [10].

Nesse diapasão, considerando que interpretações divergentes de uma mesma norma constitucional enfraquecem a força normativa da Constituição, o Supremo Tribunal Federal tem aplicado esse princípio para afastar tais interpretações divergentes, e, inclusive, em razão disso vem admitindo a relativização da coisa julgada.

Dessa forma, se após o trânsito em julgado de uma decisão, e dentro do prazo de dois anos para o ajuizamento de ação rescisória, o Supremo Tribunal Federal alterar seu entendimento sobre a matéria, poderá haver a relativização da coisa julgada justamente por meio do ajuizamento de ação rescisória, a fim de assegurar a força normativa da Constituição.

Nesses casos, em que ocorre uma verdadeira ponderação entre o princípio da força normativa da constituição e o princípio da segurança jurídica, o Supremo tem valorizado

---

[10] MENDES, Gilmar Ferreira; COELHO, Inocêncio Mártires; BRANCO, Paulo Gustavo Gonet. *Curso de Direito Constitucional*. 2. ed. São Paulo: Saraiva, 2008. p. 118.

aquele, permitindo a mitigação da segurança jurídica, desde que, saliente-se, seja ajuizada a ação rescisória dentro do prazo decadencial previsto no art. 495 do CPC.

A fim de demonstrar o afirmado, cite-se que por meio do julgamento do Recurso Extraordinário 594.350/RS, do qual foi relator o Min. Celso de Mello, o Supremo reconheceu a possibilidade de relativização da coisa julgada nos moldes apresentados acima, com a ressalva de que a mesma somente será possível por meio da ação rescisória, e dentro do prazo decadencial de dois anos, reconhecendo, ainda, que escoado esse prazo estar-se-á diante da "coisa soberanamente julgada", que por isso será insuscetível de qualquer alteração posterior. Por sua juridicidade, transcrevo trecho da decisão monocrática em questão:

> "**É que**, em ocorrendo tal situação, a sentença de mérito **tornada** irrecorrível **em face** do trânsito em julgado **só pode** ser desconstituída **mediante** ajuizamento de uma **específica** ação autônoma de impugnação (**ação rescisória**), **desde** que utilizada, pelo interessado, **no prazo decadencial** definido em lei, **pois**, esgotado referido lapso temporal, **estar-se-á** diante da coisa *soberanamente* julgada, **que se revela, a partir** de então, insuscetível de modificação ulterior, **ainda que haja sobrevindo julgamento** do Supremo Tribunal Federal **declaratório** de inconstitucionalidade da própria lei **em que baseado** o título judicial exeqüendo (...)".

3. COISA JULGADA

3.1. BREVE HISTÓRICO DO INSTITUTO

3.1.1. Coisa julgada no Direito Romano

O instituto da coisa julgada tem uma de suas primeiras noções no Direito Romano.

Para a análise do instituto no direito romano importa o conhecimento dos três modelos processuais ligados às fases históricas do direito romano: arcaica, clássica e pós-clássica. São eles, respectivamente[11]: o processo das ações da lei, o processo formular e o processo da *cognitio extra ordinem*. De modo que os dois primeiros integram o *ordo iudiciorum privatorum*.

Os dois primeiros modelos processuais – integrantes do *ordo iudiciorum privatorum* – possuíam em comum um procedimento bifásico. A princípio, uma vez estabelecida a contraposição entre as partes e verificada a presença dos requisitos de admissibilidade, o pretor, com a participação das partes, escolhia o *iudex*[12], e definia na *litis contestatio* os limites da controvérsia e as possibilidades de solução do conflito, fase esta denominada de *in iure*. Dando prosseguimento ao feito, na segunda fase processual (*apud iudicem*), o *iudex* instruía o processo e julgava a causa nos limites e de acordo com os fins pré-estabelecidos na fase anterior.

---

[11] Como ressalva Eduardo Talamini "Não há total correspondência entre as expressões: processo das *legis actiones* e processo arcaico; processo formular e processo clássico; processo da cognição extraordinária e processo pós-clássico. Tampouco pode-se supor que elas consistiram em três fases estanques e inconfundíveis. Arcaico e clássico indicam, mais do que a estrutura formal dos procedimentos adotados, as culturas em que estavam inseridos os modelos procesuais romanos. Na época clássica, coexistiram o modelo das ações da lei (já em seu crepúsculo) e o formular (no auge). A mesma ressalva vale para o processo da cognição extraordinária, cujo o início de vigência antecedeu o período pós-clássico. Aliás num dado momento, os três modelos chegaram a coexistir (o primeiro, então, já muito limitado a específicos casos, o terceiro, ainda incipiente e também com incidência restrita)" (TALAMINI, Eduardo. *Coisa Julgada e sua Revisão*. São Paulo: Editora Revista dos Tribunais, 2005. p. 197).

[12] Conforme observa Eduardo Talamini, "A investidura do *iudex* advinha do ajuste feito entre as partes perante o pretor, e não de uma imposição estatal, de modo que sua sentença não estava sujeita a recurso perante uma autoridade superior". *Ibid*. p. 197.

Entre as distinções existentes entre os dois primeiros modelos processuais, destaca-se que o processo das ações da lei verificado, principalmente, no período arcaico, apresentava caráter marcadamente formal e solene, bem como traços herdados de sua origem religiosa. Já o processo formular, por sua vez, apresentava-se mais célere, menos formalista e já distante dos requícios sacros, de modo que passava a aumentar a relevância pública do processo e de seus institutos, inclusive da coisa julgada.

Com a afirmação do império, o procedimento bifásico adotado nos modelos processuais do *ordo iudiciorum privatorum*, foram substituídos pelo processo da *extraordinaria cognitio*. Modelo este no qual o processo se desenvolvia em uma única fase, perante o magistrado, sendo que este mesmo agente estatal cumulava a função de juiz. Dessa forma, o poder de julgar passou a advir diretamente do imperador, e tratando-se de ato estatal, surgiu a necessidade de fundamentação das decisões, bem como a possibilidade de depois de prolatada a decisão ser interposto recurso diante das autoridades superiores.

Nesse contexto, a noção de coisa julgada aparece timidamente no processo das *legis actiones*, por meio da proibição *de rem actam agere*. Isso porque se considerava, numa fase já avançada do sistema das *legis actiones*, que "o desenvolvimento de um processo impedia outro posterior sobre o mesmo objeto (*de eaden re*)" [13].

Referiam-se a *rem actam agere* para indicar um ato que não seria apto a conduzir ao resultado pretendido pelo autor e, por conseguinte, inútil. Assim, atribuía-se ao *agere* das partes um efeito preclusivo, equiparável modernamente a função negativa da coisa julgada.

Tratando de forma esclarecedora sobre o assunto, Eduardo Talamini, ressalva que tal efeito preclusivo seria decorrente do simples desenvolvimento do processo e não do resultado alcançado. Termos em que aduz o que segue:

> "Ao que tudo indica, esse efeito advinha do simples desenvolvimento do processo, e não de seu resultado final: quando foi formulada a regra em questão, tinha-se em vista não a sentença, a *res iudicata*, mas particularmente o *agere rem*, que, na

---

[13] TALAMINI, Eduardo. *Coisa Julgada e sua Revisão*. São Paulo: Editora Revista dos Tribunais, 2005. p. 199.

essência, constituía-se pela atividade das partes perante o pretor e tinha na *litis contestatio* o seu ponto culminante" [14].

Noção mais concreta do instituto da coisa julgada surge no processo formular. Vejamos.

No processo formular a *litis contestatio* adquiriu maior importância, pois além de assumir a forma escrita, a mesma "teve seu caráter de submissão à pronúncia do pretor ressaltado, tornando-se objeto de sistematização mais rigorosa quanto a seu valor e efeitos" [15]. Passando a vincular-se a *litis contestatio* específicas consequências extintivas ou criativas.

A *litis contestatio* podia extinguir a relação jurídica controvertida de duas formas distintas, a depender do tipo de ação[16]. Nas ações *in ius,* que versavam sobre direitos obrigacionais, a *litis contestatio* provocava a extinção automática da relação objeto da controvérsia, de forma que constatado que o objeto da ação já tinha sido discutido e julgado em outra ação, a relação jurídica existente deixaria de existir, através de uma extinção consumativa, formando-se entre as partes uma nova relação jurídica. Nas ações *ius honorarium*, por sua vez aplicável aos demais casos não relacionados a direitos obrigacionais, a extinção preclusiva se dava por meio do exercício da exceção do réu.

A respeito, explícita Eduardo Talamini:

> "Nas ações *in ius* (nos *iudicia legitima*) atinentes a direitos obrigacionais, a *litis contestatio* implicava a extinção *ipso iure* da relação objeto da controvérsia. O vínculo processual absorvia o direito controvertido. A *litis contestatio* implicava uma nova relação entre os litigantes, que se substituía à anterior: eis a *novatio necessaria*. Já nos casos sujeitos ao *ius honorarium*, não se punha automaticamente semelhante efeito. Mas razões de conveniência pública e equidade levaram o pretor a passar a conceder uma exceção ao réu, que lhe permitia extinguir o segundo processo que se formasse com o mesmo objeto e entre as mesmas partes. Era a *exceptio in iudicium deducta vel de re iudicata*, que haveria de ser inserida na fórmula do segundo processo. No primeiro caso, tinha-

---

[14] TALAMINI. Eduardo. *Coisa Julgada e sua Revisão*. São Paulo: Editora Revista dos Tribunais, 2005. p. 199.

[15] *Ibid*. p. 200.

[16] A *lex Iulia iudiciorum privatorum* ao legalizar o processo formular estabeleceu uma duplicidade de ordenamentos: *ius civile* (que diz respeito ao *iudicium legitimum*, que cumpria os pressupostos da antiga *legis actiones*) e *ius honorarium* (concernia ao *iudicium imperio continens*, que era regido pelo direito pretoriano).

se a extinção *consuptiva* (ou "consumativa") da relação controvertida; no segundo, uma extinção *preclusiva* mediante o exercício da exceção" [17].

Ainda no direito romano clássico, no processo formular, foi apresentado um conceito de coisa julgada.

Nessa época, observou-se que a sentença veiculava um posicionamento do *iudex* a respeito da questão discutida em juízo, pondo fim a mesma, estabelecendo-se uma nova relação jurídica entre as partes, resultado este que passou ser denominado de *res iudicata*.

Compreendia-se a coisa julgada como o próprio resultado do processo obtido com o fim da ação, por meio da sentença. A coisa julgada não era considerada um dos efeitos produzidos pela sentença ou uma qualidade da mesma, na verdade a coisa julgada era tida como o próprio e único efeito do julgamento, confundindo-se, portanto, com a sentença.

Ademais, enquanto a *exceptio rei in iudicium deductae* extraível da *litis contestatio* produzia efeitos apenas em relação àqueles que foram partes do processo anterior, a força da *res iudicata* alcançava, em alguns casos, terceiros, bem como se impunha, por vezes, a objetos processuais diversos daqueles constantes do julgamento, mas que deles fossem dependentes. Fenômeno esse similar a moderna eficácia positiva da coisa julgada.

Na fase pós-clássica, com a primazia do processo da *extraordinaria cognitio*, marcado por seu caráter monofásico e por ser desenvolvido diante de um agente estatal (magistrado), a *litis contestatio* perdeu sua importância, subsistindo tão somente como ato ou momento processual, de modo que parte de seus efeitos foram transferidos para um momento inicial do processo (a exemplo do estabelecimento da litispendência), ao passo que outros passaram a se concentrar na própria *res iudicata*.

A sentença, posto que prolatada por um agente estatal, passou a ter por fundamento, justamente a autoridade do Estado, tendo por isso, conforme já afirmado, tornado-se

---

[17] TALAMINI. Eduardo. *Coisa Julgada e sua Revisão.* São Paulo: Editora Revista dos Tribunais, 2005. p. 200-201.

possível apresentar recurso às autoridades superiores diante da insatisfação do apelante aos termos em que a controvérsia foi decidida.

Ocorre que nem isso foi o bastante para afastar os conceitos de sentença e coisa julgada, de forma que a sentença continuou a ser identificada com a coisa julgada. Na verdade, como advertido por Eduardo Talamini, "(...) ainda não se dissociava o proferimento da sentença do seu 'trânsito em julgado' (conceito que só surgiria com os canonistas); nem se distinguia a sentença da *res iudicata*" [18].

No mais, observava-se que a sentença assim que proferida, operava seus efeitos desde logo, de modo que o recurso interposto não implicava na suspensão dos efeitos atribuídos à sentença, entrando em vigor de imediato tanto os efeitos preclusivos quanto os efeitos prejudiciais da sentença.

Nesta senda, afirma-se que a coisa julgada mantinha uma dupla função preclusiva e prejudicial. A primeira porque a constituição da mesma impedia novo exame da mesma matéria. E a segunda, haja vista que na análise de causas seguintes que tivessem por pressuposto a relação ou situação objeto da decisão anterior, esta teria necessariamente que ser observada.

Somando-se ao já afirmado, interessante notar que embora no processo da *extraordinaria cognitio*, constituído por uma só fase, ao magistrado incumbisse proferir diversas decisões, apenas sobre a sentença recaía o manto da coisa julgada, de forma que as demais decisões constituíam simples decisões interlocutórias.

As sentenças nulas à época não eram acobertadas pela autoridade da coisa julgada, isso porque para o direito romano ou "o ato existia e era válido; ou, se eivado de defeitos que atingissem seus aspectos essenciais, ele não existia para o direito" [19].

Nesta senda, a sentença nula era considerada inexistente, não podendo sobre a mesma constituir-se a coisa julgada. Em razão da não formação da *res iudicata*, a nulidade da sentença poderia ser alegada a qualquer tempo e em qualquer oportunidade, seja como

[18] TALAMINI, Eduardo. *Coisa Julgada e sua Revisão*. São Paulo: Editora Revista dos Tribunais, 2005. p. 206.

[19] TALAMINI, Eduardo. *Coisa Julgada e sua Revisão*. São Paulo: Editora Revista dos Tribunais, 2005. p. 208.

argumento de defesa, por exemplo, em uma ação executiva, ou mesmo, como fundamento da reproposituna de uma ação com o mesmo objeto.

Com o passar dos anos, com a influência entre outros do direito canônico, foram sendo fixados alguns preceitos e juízos, e aprimorando-se, entre outros, a noção do instituto da coisa julgada. Tanto que já no direito romano da Alta Idade Média foram fixadas, ainda que de forma incompleta, as diferenças entre coisa julgada e sentença, apresentadas por Eduardo Talamini nos seguintes termos "a coisa julgada só ocorreria depois do decurso do prazo para apelar da sentença" [20], noção esta que seria posteriormente desenvolvida e sistematizada pelos canonistas.

Por fim, resume Chiovenda, ao fazer relação entre o conceito de coisa julgada de sua época e aquele adotado no Direito Romano, que, "A *res iudicata* outra coisa não é para os romanos do que a *res in iudicium deducta* depois que foi *iudicata*". Concluindo que:

> "Podemos igualmente asseverar que a coisa julgada não é senão o bem julgado, o bem reconhecido ou desconhecido pelo juiz; e apenas substituímos a alternativa do texto romano (sentença de condenação ou absolvição) pela alternativa mais abrangente (porque nela se compreendem também as sentenças declaratórias) de sentença de recebimento ou de rejeição. Para os romanos, como para nós, salvo as raras exceções em que uma norma expressa da lei dispõe diversamente, o bem julgado torna-se incontestável (*finem controversiarum accipit*): a parte que se denegou o bem da vida, não o pode mais reclamar; a parte a quem se reconheceu, não só tem o direito de consegui-lo praticamente, em face da outra, mas não pode sofrer, por parte desta, ulteriores contestações a esse direito e esse gozo" [21].

3.1.2. Coisa julgada no Direito Canônico

O instituto da coisa julgada muito se desenvolveu com as inovações agregadas pelo direito canônico, que tinha por base as premissas apresentadas pelo direito romano. Apesar de o instituto da coisa julgada no direito processual da igreja ser marcado por particularidades, este muito influênciou o direito laico.

---

[20] *Ibid.* p. 215.
[21] CHIOVENDA, Giuseppe. *Instituições de Direito Processual Civil.* Vol I. São Paulo: Editora Saraiva. 1969. p. 369-370.

Observa-se assim que se trata de uma relação recíproca de influências, haja vista que o direito romano inspirou o direito canônico, bem como este completou e desenvolveu algumas premissas, juízos e conceitos originariamente provenientes do direito romano. A título de exemplo dessa relação de interdependência, como supra afirmado, o direito romano na Alta Idade Média buscou distinguir os conceito de coisa julgada e sentença, distinção esta que foi desenvolvida e sistematizada pelos canonistas.

Para o estudo do direito canônico uma importante fonte é o Decreto de Graciano, que foi reconhecido por sistematizar o direito canônico, reunindo e organizando por assunto os textos provenientes de diversas fontes canônicas e laicas.

Referido Decreto adotava a concepção romana de coisa julgada. Os textos ali reunidos já apontavam para a problemática das decisões que não correspondiam à verdade dos fatos.

Diante disso, como apresentado por Eduardo Talamini, questionava-se se "uma vez reconhecida a falsidade do testemunho em que se amparou a sentença de nulidade matrimonial, haveria de ser reintegrado o cônjuge ao anterior casamento, apesar de já haver contraído novas núpcias", diante do que Graciano sustentava a possibilidade de revogação ou correção da sentença a fim de seguir na busca da verdade. Tratava-se, pois, da enunciação de um princípio geral a ser aplicado não somente nos casos envolvendo relações matrimoniais.

Nessa perspectiva, surgiram idéias no sentido da possibilidade de determinadas causas serem revistas. Sendo assim, a fim de concretizar a realização desse princípio, foi necessário formular um conceito de trânsito em julgado ("*transitus in rem iudicatam*"). Isso porque a revisão das causas não seria admissível num sistema em que tanto o momento de formação quanto os conceitos de coisa julgada e sentença não fossem bem delimitados. Assim surgiu a concepão de trânsito em julgado como uma qualidade de irrevogabilidade da sentença.

Comentando a respeito, Eduardo Talamini, afirma:

"No instante em que se começou a conceber sentenças que não eram imutáveis, já não era mais possível a identificação entre as duas categorias. Daí a distinção entre a sentença, considerada em si mesma, e a "passagem em julgado", consistente na condição de irrevogabilidade, que não precisa estar presente em todas as sentenças. Eis uma das principais contribuições do processo canônico para o instituto da coisa julgada. Com a distinção, reconhecia-se a existência de um momento formal em que a sentença adquire a força de coisa julgada – momento esse que não se identifica necessariamente com o do surgimento da própria sentença. Mais do que isso, estabelecia-se que nem toda sentença definitiva precisaria revestir-se dessa eficácia. O conceito de 'trânsito em julgado' foi rapidamente assimilado pelos juristas do *ius civile*" [22].

Feitas essas considerações, identifica-se no *decretal Lator praesentium sua nobis*, de Alexandre III, a primeira enunciação formal do princípio da exclusão do trânsito em julgado em certas causas por razões espirituais, afirmando-se que a sentença de matrimônio nunca passava em julgado, podendo ser revogada a qualquer tempo quando constatada situação de erro. Ressalta-se que esse princípio não somente era aplicado em desfavor do matrimônio, podendo constituir, por vezes, instrumento de sua proteção, haja vista que repudiava a revisão de sentença de nulidade depois que um dos cônjuges houvesse contraído um segundo casamento, procurando definir os fundamentos e o modo que deveria ocorrer tal retratação.

Como já ressaltado, com o desenvolvimento da distinção entre os conceitos de sentença e *res iudicata*, o direito canônico em muito contribuiu para a ampliação das hipóteses de nulidade da sentença. Nesta senda, mostrou-se imperioso ao próprio direito canônico a criação e desenvolvimento de um instrumento apto para impugnar tais sentenças ditas nulas, em face desse contexto muitos doutrinadores afirmam que a criação do instituto da *querela nullitatis* remonta ao direito canônico.

3.1.3. Coisa julgada no Direito Luso-brasileiro

O instituto da coisa julgada foi desenvolvido em Portugal sobre as premissas já sedimentadas pelo Direito Romano e Canônico.

---

[22] TALAMINI, Eduardo. *Coisa Julgada e sua Revisão*. São Paulo: Editora Revista dos Tribunais, 2005. p. 222-223.

Inicialmente, após a independência portuguesa, as leis de Leão e Castela continuaram influenciando seu direito. Sendo que somente em 1211, foi redigida a primeira lei de um rei português acerca da estabilidade das sentenças, sendo a mesma atribuída a Afonso II, estando a mesma compilada no Livro das Leis e Posturas.

De acordo com as considerações de Eduardo Talamini sobre referida lei, observa-se que:

> "Dessa lei extrai-se, por um lado, a proibição de reiteração em juízo das causas já decididas. Impunha-se ao vencido que insistisse em rediscutir a causa multa cujo valor variava conforme a qualidade do adversário. Nesse ponto, é clara a inspiração germânica da norma, ao procurar impedir a reiteração de processos mediante a ameaça de penas, em vez de empregar obstáculos técnicos processuais. Mas da regra também se inferia a excepcional possibilidade de revisão do julgado" [23].

Durante o reinado de D. Diniz foi promulgada outra lei sobre o tema, onde foi consagrado que a sentença já não mais submetida a recurso seria qualificada como "firme", confirmando a influência do direito romano na legislação portuguesa.

Ademais, destaca-se que a lei datada de 1304, também de D. Diniz, já assentava o princípio segundo o qual a absolvição faria coisa julgada em favor do acusado, e não o contrário, de modo que a condenação, por sua vez, não se mostrava apta a fazer coisa julgada.

3.1.3.1. Ordenações Afonsinas

As Ordenações Afonsinas foram consolidadas no século XV, tendo sido determinadas por João I e finalizadas por Afonso V, o que explica a origem de sua denominação. As mesmas consistem em uma compilação das leis até então promulgadas, reunidas a fim de buscar-se a organização e minimizar as confusões existentes.

Nessas ordenações a autoridade da coisa julgada já estava afirmada, por vezes diretamente, outras de forma indireta, em diversas de suas disposições. De forma que a

---

[23] TALAMINI Eduardo. *Coisa Julgada e sua Revisão*. São Paulo: Editora Revista dos Tribunais, 2005. p. 241.

existência de sentença anterior obstava o pronunciamento do juiz em outro processo sobre questão já decidida. Havendo disposição no sentido de que a ofensa à coisa julgada geraria uma sentença nula (inexistente)[24], defeito este que poderia ser alegado a qualquer tempo, constituindo, portanto, uma exceção a regra geral, segundo a qual depois de esgotados ou não utilizados os recursos e medidas de impugnação disponíveis, não seria possível a revisão dos julgados.

Em que pese à confirmação da autoridade da coisa julgada, nas Ordenações Afonsinas permitia-se que o rei, em qualquer hipótese, pudesse revisar a sentença, em razão de sua "graça especial", graça esta que no entendimento de Eduardo Talamini, "espelhava o modelo político que então se impunha: a monarquia absolutista buscando consolidar a unificação do reino" [25].

Ademais, registre-se que a força do instituto da coisa julgada era ainda mais mitigada, haja vista que além de poder derrubar a *res iudicata* já constituída, o rei poderia confirmar a sentença inexistente, isto é, aquela formada em desrespeito à coisa julgada constituída anteriormente.

Por fim, registre-se que as Ordenações Afonsinas buscaram delinear tanto os limites subjetivos da coisa julgada quanto os seus limites objetivos. No que tange aos primeiros, delimitou casos excepcionais em que seria admissível a interposição de apelação por terceiros. Já no que pertine à fixação de limites objetivos da *res iudicata*, as Ordenações Afonsinas, assim como as subsequentes, não veicularam regras precisas, razão pela qual fazia-se necessário recorrer ao direito comum, romano e canônico, para preencher suas lacunas.

3.1.3.2.   Ordenações Manuelinas

Em 1514, por determinação de D. Manuel, nova compilação veio a ser organizada. Sendo esta complementada e novamente publicada em 1521.

---

[24] Observa-se que nas Ordenações Afonsinas havia uma equiparação entre nulidade e inexistência da sentença, o que denota uma herança do Direito Romano.

[25] TALAMINI, Eduardo. *Coisa Julgada e sua Revisão*. São Paulo: Editora Revista dos Tribunais, 2005. p. 248.

As Ordenações Manuelinas mantiveram as normas previstas nas Ordenações Afonsinas. A alteração mais relevante foi de ordem formal, visto que deixou de ter forma compilatória, assumindo o estilo decretatório, aproximando-se da forma dos códigos modernos.

Ressalta-se que foram mantidas as normas que confirmavam a autoridade da coisa jugada, de forma que a sentença que ofendesse a autoridade da mesma era considerada nenhuma, bem como afirmavam, em regra, a "firmeza" das sentenças quando não mais sujeitas a recursos.

3.1.3.3. Ordenações Filipinas

Essas novas ordenações foram elaboradas durante o reinado de Filipe I, mas somente foram publicadas em 1603 durante o reinado de Filipe II. Essas ordenações reproduziram o sistema jurídico das ordemações anteriores, sendo mantidos os dispositivos que confirmavam a autoridade da coisa julgada.

Ressalta-se que nesse período, a doutrina dos séculos XVIII e XIX apontou outros casos em que a coisa julgada não ocorreria ou seria atenuada. Tais como[26]: sentenças matrimoniais; sentença proferida sobre alimentos; sentença proferida em juízo sumário; sentença absolutória de instância, bem como os atos de jurisdição voluntária.

3.1.4. Coisa julgada no ordenamento jurídico brasileiro[27]

Conforme observado, o direito brasileiro durante um grande lapso temporal permaneceu atrelado ao direito português.

---

[26] TALAMINI, Eduardo. *Coisa Julgada e sua Revisão*. São Paulo: Editora Revista dos Tribunais, 2005. p. 260.
[27] A monografia que deu origem a este livro foi defendida em data anterior ao Código de Processo Civil de 2015. A fim de manter a originalidade do trabalho monográfico, optou-se por não promover modificações em sua estrutura, de modo que referências ao Código de Processo Civil em vigor referem-se ao diploma normativo de 1973.

Somente após a independência do país que foi formada a primeira compilação processual civil brasileira, trata-se da denominada "Consolidação Ribas" [28], em que foram realizadas algumas menções ao instituto da coisa julgada, sendo o instituto delineado no art. 497, e disciplinado nos artigos seguintes.

Nada obstante, a disciplina da coisa julgada na Consolidação Ribas, somente com a Constituição Brasileira de 1934 houve a real consagração do instituto, que ao dispor expressamente em seu art. 113, 3[29] que "a lei não prejudicará o direito adquirido, o ato jurídico perfeito e a coisa julgada" tornou inequívoca referida garantia.

Posteriormente, o Código de Processo Civil de 1939 passou a regular o instituto da coisa julgada, estabelecendo em seus artigos 288 e 289 que não seriam acobertadas pela autoridade da coisa julgada as decisões interlocutórias e as sentenças proferidas em processo de jurisdição voluntária, preventivos e preparatórios, bem como que, em regra, as questões já decididas, não poderiam ser novamente analisadas em juízo, salvo nos casos em que houvesse disposição legal expressa nesse sentido ou nos casos em que houvesse alteração no estado de fato ou de direito (relações continuativas).

No que tange a desconstituição da sentença, o Código de Processo Civil de 1939 previu a possibilidade de a sentença nula, em razão de ofender coisa julgada pré-existente, ser desconstituída por meio da interposição de ação rescisória.

Assim, como concluiu Eduardo Talamini, diante da evolução histórica apresentada, observa-se a publicização do instituto da coisa julgada, bem como a "paulatina absorção dos motivos de nulidade da sentença pelas razões recursais a serem oportunamente apresentadas sob pena de preclusão – transformando-se, assim, a coisa julgada em mecanismo de 'saneamento' global do processo e da sentença" [30].

---

[28] Consolidação das Leis Processuais Civis do Império, elaborada pelo Conselheiro Antônio Joaquim Ribas.
[29] Art 113 - A Constituição assegura a brasileiros e a estrangeiros residentes no País a inviolabilidade dos direitos concernentes à liberdade, à subsistência, à segurança individual e à propriedade, nos termos seguintes: 3) A lei não prejudicará o direito adquirido, o ato jurídico perfeito e a coisa julgada.
[30] TALAMINI, Eduardo. *Coisa Julgada e sua Revisão*. São Paulo: Editora Revista dos Tribunais, 2005. p. 275.

3.2. CONCEITO

O instituto da coisa julgada está intimamente relacionado ao caráter de imutabilidade das decisões judiciais, de modo que sua manutenção mostra-se imprescindível para garantir a segurança jurídica e a estabilidade das relações jurídicas.

Pois bem. Em que pese o instituto da coisa julgada ter amparo tanto em nível constitucional quanto infraconstitucional, observa-se que o conceito e as regras atinentes ao instituto foram tratados em âmbito infraconstitucional.

Nessa perspectiva, nosso Código de Processo Civil por meio de seu artigo 467 busca apresentar um conceito legal para o instituto da coisa julgada, dispondo que, "Denomina-se coisa julgada material a eficácia, que torna imutável e indiscutível a sentença, não mais sujeita a recurso ordinário ou extraordinário". Conceito este o qual completa por meio do dispositivo seguinte, art. 468, nos seguintes termos: "A sentença, que julgar total ou parcialmente a lide, tem força de lei nos limites da lide e das questões discutidas".

Ademais, registre-se que, com o mesmo fim, apresenta-se o §3º, do art. 6º, da Lei de Introdução às Normas do Direito Brasileiro, segundo o qual "Chama-se coisa julgada ou caso julgado a decisão judicial de que já não caiba recurso".

Ocorre que, embora válida a intenção do legislador infraconstitucional, tais conceitos não se apresentam suficientes, razão pela qual mostra-se necessário recorrer aos conceitos formados em âmbito doutrinário.

Nesse sentido, tecendo suas críticas a respeito da redação do art. 6º, §3º, da Lei de Introdução às Normas de Direito Brasileiro, Pedro Eduardo Pinheiro Antunes de Siqueira, afirma que a tradução adotada do vocábulo "*res*", componente da expressão "*res in judicium deducta a res judicata*" no sentido de "coisa", não condiz com o seu verdadeiro significado que corresponde a uma "relação" ou "conflito". Diante disso, citando Barbosa Moreira, esclarece que "o particípio *judicata* qualifica o substantivo *res*, indicando a situação particular que surgia do fato de já se ter proferido julgamento" [31].

---

[31] SIQUEIRA, Pedro Eduardo Pinheiro Antunes de. *A coisa Julgada Inconstitucional*. Rio de Janeiro: Renovar, 2006. p. 73.

Ademais, dando seguimento, Pedro Eduardo Pinheiro argumenta que o legislador ao preceituar o art. 6º, §3º do referido diploma, tratou apenas do aspecto cronológico da coisa julgada, omitindo-se a respeito de seu aspecto ontológico.

Constata-se, desde já, que a respeito do conceito desse instituto, vários doutrinadores de renome deram sua contribuição, razão pela qual fundamental a apresentação dos principais conceitos atribuídos a esse instituto, bem como das teorias mais relevantes a respeito.

Inicialmente, identifica-se a denominada teoria da presunção de verdade, que foi desenvolvida por juristas da idade média tendo por base os textos de Ulpiano e guiados pela filosofia escolástica, segundo a qual a coisa julgada traria uma situação muito próxima da verdade, razão pela qual, em conformidade com as lições de Marcelo Abelha Rodrigues, as "decisões interlocutórias e provisórias, fruto de cognição sumária, não seriam aptas a formação da coisa julgada" [32].

Tais juristas defendiam haver uma presunção de verdade das decisões, haja vista que por vezes eram identificadas sentenças injustas, que também faziam coisa julgada.

Essa teoria foi consagrada por Pothier, e por isso alcançou os tempos modernos, tendo sido adotada no Código de Napoleão, bem como no nosso Regulamento nº 737, de 1850.

Posteriormente, foi apresentada a teoria da ficção da verdade, elaborada por Savigny, partindo este da consideração de que há decisões justas e injustas e que ambas fazem coisa julgada. Referido autor ponderando a certeza e a segurança jurídica, observou que a insegurança jurídica seria um mal maior, razão pela qual a coisa julgada atribuiria uma "força legal" sobre determinada situação, tornando-a verdadeira por meio de uma ficção jurídica, independente de ser o conteúdo da sentença justo ou injusto.

Pagenstecher, por meio de sua teoria da força legal ou substancial da sentença[33], também conhecida como teoria constitutiva de direito[34], observou que toda sentença,

---

[32] RODRIGUES, Marcelo Abelha. *Manual de Direito Processual Civil*. 5. ed. São Paulo: Revista dos Tribunais, 2010. p. 242.

[33] SANTOS, Moacyr Amaral. *Comentários ao Código de Processo Civil*. Vol. IV. 4. ed. Rio de Janeiro: Forense, 1988. p.434.

[34] RODRIGUES, Marcelo Abelha. *Manual de Direito Processual Civil*. 5. Ed.. São Paulo: Revista dos Tribunais, 2010. p. 242.

mesmo aquelas de cunho meramente declaratório, cria direito, e é, portanto, constitutiva de direitos.

Discorrendo sobre essa teoria, Moacyr Amaral Santos compara a certeza produzida por uma sentença com aquela resultante de um parecer de um jurisconsulto, observando que em ambos os pronunciamentos há produção de certeza, mas na sentença há um *quid* a mais que a torna criadora de direito. Dessa forma, proferida uma sentença, a relação antes discutida não será mais regulada pelo direito anterior, mas pelo direito novo, resultante da soma da certeza jurídica com referido *quid*. E, a fim de concluir, afirma:

> "Esse *quid* a mais, por força de lei se ajusta à sentença, tornando-a constitutiva de direito, é que lhe dá autoridade de coisa julgada. A incontestabilidade, a indiscutibilidade, a imutabilidade da sentença estão nessa coisa nova, no direito novo, que se junta à certeza jurídica dela emanada" [35].

Dando seguimento a essa apresentação dos conceitos e teorias afins ao instituto da coisa julgada, a teoria da eficácia da declaração desenvolvida e seguida, sobretudo, por Hellwig, Binder, Stein, fundamentava a autoridade da coisa julgada na eficácia da declaração de certeza contida na sentença.

Esta teoria foi de especial importância, pois, como salientado por Liebman em sua obra "Eficácia e Autoridade da Sentença" [36], no estudo da coisa julgada, sobreleva-se a análise da relação desta com a eficácia da sentença sobre a configuração das relações jurídicas. Foi exatamente a isto que, por exemplo, o doutrinador alemão Hellwig se propôs.

Tentando desvendar referidas relações, o alemão Hellwig chegou à conclusão de que a autoridade do julgado corresponderia à simples declaração contida na sentença, de modo que na declaração residiria o efeito capital e característico da sentença, razão pela qual passou a identificar a coisa julgada com a declaração obrigatória e indiscutível que a sentença produz [37]. Posicionamento este que foi seguido por toda a doutrina de sua época.

---

[35] SANTOS, Moacyr Amaral. *op. cit.* p. 434.

[36] LIEBMAN, Enrico Tullio. *Eficácia e Autoridade da Sentença e outros Escritos sobre a Coisa Julgada.* 4. ed. Rio de Janeiro: Forense, 2007. p. 20-21.

[37] LIEBMAN, Enrico Tullio. *Eficácia e Autoridade da Sentença e outros Escritos sobre a Coisa Julgada.* 4. ed. Rio de Janeiro: Forense, 2007. p. 21.

Para entendermos a conclusão alcançada pelo doutrinador alemão, insta observarmos que o mesmo distinguia dois tipos de atos possíveis de serem praticados pelos órgãos jurisdicionais: os atos declarativos e os constitutivos, estando inseridos nestes os atos condenatórios. Como então identicar a coisa julgada como uma eficácia de declaração nos casos em que o ato jurisdicional não fosse declarativo, tratando-se de ato constitutivo em sentido estrito ou condenatório?

Afastando questionamentos, referido doutrinador, defendia que as sentenças constitutivas e condenatórias encerram uma declaração na medida em que declaram o direito à mudança jurídica e à prestação, respectivamente. Dessa forma, ressaltava que a coisa julgada diz respeito à força vinculante da declaração, tanto nos casos em que a sentença contiver tão somente uma declaração, quanto naqueles em que a declaração for acompanhada de um efeito constitutivo – no seu sentido estrito ou um efeito condenatório.

Ressalta-se, com base nas ponderações de Moacyr Amaral Santos a respeito, que a declaração de certeza é abrangente, produzindo a eficácia de impor às partes, bem como ao juiz prolator da sentença e demais juízes a sua observância. Razão pela qual apresenta um duplo aspecto, vinculando tanto as partes quanto toda a categoria de juízes.

Na doutrina brasileira, acolheu esse entendimento do instituto da coisa julgada, valorizando-a, sobretudo, em seu aspecto processual, o emérito professor Celso Neves, para quem a coisa julgada pode ser definida como:

> "(...) o efeito da sentença definitiva sobre o mérito da causa que, pondo termo final à controvérsia, faz imutável e vinculativo, para as partes e para os órgãos jurisdicionais, o conteúdo declaratório da decisão judicial" [38].

Nada obstante a proliferação do entendimento de coisa julgada exposto por Hellwig em sua época, este sofreu duras críticas por Liebman[39].

Para a teoria da extinção da obrigação jurisdicional, sustentada por Ugo Rocco, os conceitos de sentença e coisa julgada estão intimamente vinculados aos conceitos de

---

[38] NEVES, Celso. *Coisa Julgada Civil*. São Paulo: Revista dos Tribunais, 1971. p. 443.
[39] Críticas essas que serão apresentadas ainda neste capítulo.

ação[40] e jurisdição, de modo que o fundamento da coisa julgada resulta da extinção da obrigação funcional e, por conseguinte, na extinção do direito de ação.

A teoria da vontade do Estado foi amplamente aceita na Alemanha, e tem como seu mais ilustre defensor o italiano Giuseppe Chiovenda. De acordo com os defensores desta teoria, a sentença seria um ato de vontade do Estado somado à inteligência do juiz, sendo a coisa julgada formada com fundamento na vontade do Estado que "atribui à sentença a qualidade de ato estatal, irrevogável e de força obrigatória" [41].

Nessa perspectiva, Chiovenda ao tecer suas considerações sobre o instituto em análise observa que a expressão "coisa julgada" significa "bem julgado", e corresponde a um efeito da sentença decorrente da "vontade concreta da lei", isto é, da manifestação de vontade do Estado. Nesses termos ensina que:

> "O bem da vida que o autor deduziu em juízo (*res in iudicium deducta*) com a afirmação de que uma vontade concreta de lei o garante a seu favor ou nega ao réu, depois que o juiz o reconheceu ou desconheceu com a sentença de rejeição da demanda, converte-se em coisa julgada (*res iudicata*)" [42].

Em outra passagem, completando o sentido de seus ensinamentos, Chiovenda aduz que:

> "A sentença é unicamente a afirmação ou negação de uma vontade do Estado que garante a alguém um bem da vida no caso concreto; e só a isto se pode estender a autoridade do julgado; com a sentença só se consegue a certeza da existência de tal vontade e, pois, a incontestabilidade do bem reconhecido ou negado" [43].

Além de aproximar o conceito de coisa julgada ao de bem julgado, as lições de Chiovenda foram significativas no sentido de distinguir o instituto da coisa julgada de outros fenômenos afins, separando, por exemplo, os conceitos de coisa julgada e preclusão de

---

[40] "Ação é o direito subjetivo de pedir ao Estado que dirima um conflito de interesses, fazendo atuar a vontade da lei ao caso concreto. É o direito de provocar a jurisdição. Esta é o poder do Estado de declarar o direito. Ao poder jurisdicional corresponde a função jurisdicional. Ao direito de ação corresponde a obrigação jurisdicional: provocado pelo interessado (direito de ação) fica o Estado na obrigação jurisdicional de declarar o direito" (SANTOS, Moacyr Amaral. *Comentários ao Código de Processo Civil*. Vol. IV. 4. ed. Rio de Janeiro: Forense, 1988. p. 436).

[41] *Ibid.* p.437.

[42] CHIOVENDA, Giuseppe. *Instituições de Direito Processual Civil*. Vol I. São Paulo: Editora Saraiva. 1969. p. 369.

[43] *Ibid.* p. 372.

questões, bem como o conceito do instituto de seus fundamentos (político e jurídico). No que tange ao tratamento distinto da coisa julgada e da preclusão de questões, explicita:

> "A coisa julgada contém, pois, em si, a preclusão de qualquer questão futura: o instituto da preclusão é a base prática da eficácia do julgado; vale dizer que a coisa julgada substancial (obrigatoriedade nos processos futuros) tem por pressuposto a coisa julgada formal (preclusão das impugnações). A relação, portanto, entre coisa julgada e preclusão de questões pode assim formular-se: a coisa julgada é um bem da vida reconhecido ou negado pelo juiz; a preclusão de questões é o expediente de que se serve o direito para garantir o vencedor no gôzo do resultado do processo (ou seja, o gôzo do bem reconhecido ao autor vitorioso, a liberação da pretensão adversária ao réu vencedor)" [44].

Para Carnelutti a autoridade da coisa julgada também advém do Estado, mais precisamente da imperatividade do comando da sentença.

Este célebre processualista ao iniciar suas considerações a respeito do tema aponta os significados possíveis da expressão *"res iudicata"*, afirmando que a mesma pode ser entendida como o litígio julgado; o litígio após a decisão; ou mesmo significar o juízo dado pelo juiz, isto é, a decisão. E então sintetizando dispõe significar "o ato e, por sua vez, o efeito de decidir, que realiza o juiz em torno do litígio" [45].

Na visão de Carnelutti, partindo do pressuposto de que a lei regula o caso particular nos termos como decido pelo juiz, deve-se considerar que a eficácia da decisão é tão intensa quanto à da lei, razão pela qual a decisão seria uma *lex specialis*. Nesses termos, o ilustre jurista distingue duas espécies de eficácia da sentença: a imperatividade da decisão, que corresponde a esse caráter de *lex specialis* da mesma (coisa julgada material), que existiria antes mesmo do trânsito em julgado da decisão; e a imutabilidade da sentença, que consiste na sua eficácia processual, que traduz uma proibição de o juiz voltar a decidir um litígio já decidido (aplicação do princípio do *ne bis in idem*), operando a preclusão[46] de quaisquer impugnações a respeito da decisão, o que somente ocorreria após o trânsito em julgado (coisa julgada formal) [47].

---

[44] CHIOVENDA, Giuseppe. *Instituições de Direito Processual Civil*. Vol I. São Paulo: Editora Saraiva. 1969. p. 374.

[45] CARNELUTTI, Francesco. *Sistema de Direito Processual Civil*. Vol I. 2. ed. São Paulo: Lemos e Cruz, 2004. p. 406.

[46] Observa-se que diversamente de Chiovenda que contribuiu por separar o instituto da coisa julgada de fenômenos afins, sobretudo a preclusão, Carnelutti aproxima o conceito de coisa julgada formal à idéia de preclusão. A respeito dessa distinção disserta Barbosa Moreira de forma precisa que "Não há confundir

Interessante notar que para Carnelutti a coisa julgada formal completa o sentido da coisa julgada material, operando assim uma inversão da relação entre a coisa julgada material e formal, normalmente verificada pela doutrina. Barbosa Moreira constata esse aspecto curioso do entendimento de Carnelutti, ao que reage:

> "Invertiam-se os termos em que tradicionalmente se visualiza a relação entre a coisa julgada material e a coisa julgada formal, para ter-se aquela como antecedente desta, e não vice-versa, pois a sentença produziria efeitos (isto é, seria imperativa) desde a sua prolação, antes mesmo de preclusas as vias recursais (ou seja, antes de tornar-se imutável)" [48].

Observa-se que a doutrina apresentada por Carnelutti exerceu forte influência sobre os processualistas brasileiros, de modo que o art. 468 do nosso código de processo civil vigente apresenta redação que valoriza a imperatividade da decisão, conferindo à sentença força de lei nos limites da lide e das questões decididas.

Rompendo com a idéia apresentada pelas outras teorias de que a coisa julgada é um dos efeitos da sentença ou que a mesma corresponde à "eficácia da declaração", Liebman sustenta que constitui um erro de lógica definir a autoridade da coisa julgada como um efeito da sentença e, por conseguinte, identificá-la com a eficácia declaratória da própria sentença. Isso porque ao colocar a coisa julgada e seus outros efeitos no mesmo plano, estar-se-á aproximando coisas heterogêneas e de qualidades bastante diversas[49]. Nesses termos, assevera que:

> "Identificar a declaração produzida pela sentença com a coisa julgada significa, portanto, confundir o efeito com um elemento novo que o qualifica" [50].

---

coisa julgada e preclusão. A coisa julgada é uma das várias situações jurídicas dotadas de eficácia preclusiva. Quer dizer: entre os efeitos da coisa julgada, figura o de produzir uma determinada modalidade de preclusão, sem que fique excluída a produção de efeito análogo por outras causas, isto é, por outras situações diferentes da *re iudicata*. (MOREIRA, José Carlos Barbosa. A Eficácia preclusiva da Coisa Julgada Material. *In: Revista dos Tribunais*. São Paulo: Revista dos Tribunais, ano 61, nº 441, julho de 1972. p. 16).

[47] CARNELUTTI, Francesco. *op. cit*. p. 414-445 *passim*.

[48] BARBOSA MOREIRA, José Carlos (*apud* RODRIGUES, Marcelo Abelha. *Manual de Direito Processual Civil*. 5. ed. São Paulo: Revista dos Tribunais, 2010. p. 243).

[49] LIEBMAN, Enrico Tullio. *Eficácia e Autoridade da Sentença e outros Escritos sobre a Coisa Julgada*. 4. ed. Rio de Janeiro: Forense, 2007. p. 22-31 *passim*.

[50] *Ibid*. p. 23.

Nessa perspectiva, verifica que são coisas distintas a identificação dos efeitos da sentença segundo sua natureza declaratória ou constitutiva; e a maior, ou menor, definitividade ou imutabilidade com que são concebidos. Isso porque, todos os possíveis efeitos da sentença podem ser realizados independentemente da autoridade da coisa julgada, de modo que esta apenas soma-se a tais efeitos já produzidos para conferir-lhes maior estabilidade.

Partindo da premissa, fixada por Carnelutti, de que a imutabilidade e a imperatividade da sentença são coisas distintas, Liebman conclui que a imperatividade da sentença ocorre antes da formação da coisa julgada, ao passo que a sentença somente se tornará imutável e apta a estabilizar as relações jurídicas sobre as quais incide, quando passar em julgado e fizer a coisa julgada, que se juntará aos efeitos da própria sentença para qualificá-los e reforçá-los em sentido bem definido.

Diante disso, Liebman define a autoridade da coisa julgada como a imutabilidade do comando emergente de uma sentença, o que significa não somente a intangibilidade do ato que pronuncia o comando, mas também a imutabilidade dos efeitos do próprio ato. Pois, tratando-se de uma qualidade da sentença, a *res iudicata* reveste o ato também em seu conteúdo de definitividade.

Nesse sentido, explicitando seu entendimento o eloquente doutrinador ensina que:

> "A eficácia natural da sentença, com a aquisição dessa ulterior qualidade, acha-se, então, intensificada e potencializada porque se afirma como única e imutável formulação de vontade do Estado de regular concretamente o caso decidido. É essa imutabilidade característica do comando, nos limites em que disciplinada pela lei, opera não já em face de determinadas pessoas, mas em face de todos os que no âmbito do ordenamento jurídico têm institucionalmente o mister de estabelecer, de interpretar ou de aplicar a vontade do Estado, não se excluindo o próprio legislador, que não poderá por isso mesmo mudar a normação concreta da relação, a qual vem a ser estabelecida para sempre a autoridade da coisa julgada"[51].

Ademais, tratando de distinguir os dois aspectos da coisa julgada, afirma que a coisa julgada formal corresponde a uma qualidade da sentença, quando a mesma já não é mais recorrível, em razão da preclusão dos recursos, o que implica a imutabilidade da sentença

---

[51] LIEBMAN, Enrico Tullio. *Eficácia e Autoridade da Sentença e outros Escritos sobre a Coisa Julgada*. 4. ed. Rio de Janeiro: Forense, 2007. p. 51-52.

enquanto ato processual; ao passo que a coisa julgada material ou substancial apresenta-se como uma eficácia específica da decisão, que torna imutável o conteúdo e, por conseguinte, os próprios efeitos da decisão. De modo que há entre tais aspectos da coisa julgada uma relação de dependência, haja vista que a formação da coisa julgada em seu aspecto material estaria condicionada pela formação da coisa julgada formal.

O entendimento apresentado por Liebman foi revolucionário e bastante influente na doutrina brasileira[52]. Sintetizando o entendimento de Liebman a respeito da *res iudicata*, bem como demonstrando a grandiosidade de sua doutrina, precisas são as palavras de Teresa Arruda Alvim Wambier e José Miguel Garcia Medina:

> "Depois de Liebman, passou-se a afirmar que a coisa julgada não é um efeito da sentença, mas uma qualidade que se agrega aos efeitos da sentença (...) a coisa julgada não pode ser vista como um efeito autônomo. De fato, expressões como imutabilidade, definitividade, intangibilidade exprimem uma qualidade, uma propriedade, um atributo do objeto a que se referem" [53].

Apesar de as lições apresentadas por Liebman serem tão amplamente difundidas e defendidas por doutrinadores brasileiros[54], há quem as refute considerando a coisa julgada como um efeito da sentença. Como sinalizador desse posicionamento Paulo Roberto de Oliveira Lima afirma que apesar de ser possível identificar na coisa julgada uma adjetivização relativa aos efeitos da sentença, não se pode deixar de dizer que se trata de um dos efeitos da sentença. A fim de elucidar seu posicionamento, acrescenta o mesmo autor que "Se um artista produz uma escultura bela, aberra da lógica dizer-se que a beleza da escultura, por ser uma qualidade, não é resultado do trabalho do artista"[55].

---

[52] "Conforme lição da mais viva atualidade na doutrina, nem a coisa julgada formal, nem a material, são efeitos da sentença, mas qualidades da sentença e de seus efeitos, uma e outros tornados imutáveis" (CINTRA, Antonio Carlos de Araújo; GRINOVER, Ada Pellegrini; DINAMARCO, Cândido Rangel. *Teoria Geral do Processo*. 24. ed. São Paulo: Editora Malheiros, 2008. p. 329).

[53] WAMBIER, Teresa Arruda Alvim; MEDINA, José Miguel Garcia. *O Dogma da Coisa Julgada Hipóteses de Relativização*. São Paulo: Editora Revista dos Tribunais, 2003. p.19.

[54] Por todos citem-se: Ada Pellegrine Grinover (notas à tradução da obra de Libman, *Eficácia e Autoridade da Sentença*. 4. ed. Rio de Janeiro: Forense), Cândido Rangel Dinamarco (*Instituições de Direito Processual Civil*. Vol. III. 5. ed. São Paulo: Malheiros Editores, 2005. p. 293-394), Moacyr Amaral Santos (*Comentários ao Código de Processo Civil*. Vol. IV, 4. ed. Rio de Janeiro: Forense, 1988. p.440), Teresa Arruda Wambier e José Miguel Garcia Medina (*O Dogma da Coisa Julgada Hipóteses de Relativização*. São Paulo: Editora Revista dos Tribunais, 2003. p.19).

[55] LIMA, Paulo Roberto de Oliveira. *Contribuições à teoria da coisa julgada*. São Paulo: Revista dos Tribunais, 1997. p. 24 (*apud* WAMBIER, Teresa Arruda Alvim; MEDINA, José Miguel Garcia. *O Dogma da Coisa Julgada Hipóteses de Relativização*. São Paulo: Editora Revista dos Tribunais, 2003. p.19).

Barbosa Moreira, por sua vez, aperfeiçoando o conceito apresentado por Liebman, esclarece magistralmente que a coisa julgada não seria uma qualidade que torna imutável os efeitos da sentença, mas sim o conteúdo do comando da decisão, vez que os efeitos seriam passíveis de modificação[56].

Assim, de acordo com Barbosa Moreira, o mestre italiano "que deu um passo decisivo no sentido de libertar a problemática da *res iudicata* da inoportuna vinculação com a da eficácia da sentença, não conseguiu libertar-se totalmente, ele mesmo, do peso de um equívoco em má hora feito tradição" [57], isso porque o mesmo identificou a coisa julgada como uma qualidade da sentença e de seus efeitos (imutabilidade), quando, na verdade "se alguma coisa, em tudo isso, escapa ao selo da imutabilidade, são justamente os efeitos da sentença" [58].

Discorrendo sobre o assunto, Barbosa Moreira verifica que Liebman, assim como Carnelutti, admitia como regular a produção dos efeitos pela sentença antes do trânsito em julgado. Ocorre que, como advertido pelo próprio Barbosa Moreira, os efeitos da sentença são estranhos ao conceito de coisa julgada e em regra começam a ser produzidos a partir do momento em que esta se forma, de modo que somente excepcionalmente, nos casos expressamente definidos em lei, que os mesmos se antecipam à formação da coisa julgada.

Por fim, Barbosa Moreira apresenta as seguintes conclusões:

> "A coisa julgada não se identifica nem com a sentença transitada em julgado, nem com o particular atributo (imutabilidade) de que ela se reveste, mas com a situação jurídica em que passa a existir após o trânsito em julgado. Ingressando em tal situação, a sentença adquire uma autoridade que – esta, sim – se traduz na resistência a subsequentes tentativas de modificação do seu conteúdo. A expressão *autorictas rei iudicatae*, e não *res iudicata*, portanto, é a que corresponde ao conceito da imutabilidade. Quanto à eficácia da decisão (...) nada tem que ver, conceptualmente nem com a coisa julgada, nem com a autoridade da coisa julgada o único traço comum reside em que a primeira, em regra, se subordina, temporalmente, ao trânsito em julgado" [59].

[56] BARBOSA MOREIRA, José Carlos. Eficácia da Sentença e Autoridade da Coisa Julgada. *In: Temas de Direito Processual Civil.* Terceira Série. p. 89
[57] BARBOSA MOREIRA, José Carlos. Ainda e Sempre a Coisa Julgada. *In: Direito Processual Civil: Ensaios e Pareceres.* Rio de Janeiro: Editor Borsoi. 1971. p. 138.
[58] *Ibid.* p. 139.

Feitas essas considerações a respeito dos conceitos empregados para o instituto da coisa julgada, importa salientar que o código de processo civil brasileiro acolheu a teoria apresentada por Liebman quanto à coisa julgada material, ao considerar que esta não é um efeito da sentença, mas a sua própria eficácia, que a torna imutável e indiscutível quando não mais sujeita a qualquer recurso.

Fixados os conceitos atribuídos ao instituto da coisa julgada, importa verificar os fundamentos que a justificam. Diversamente dos romanos que justificavam a coisa julgada com razões inteiramente práticas, de utilidade social, a doutrina atual consagrada oferece duas ordens de fundamentos, uma de cunho político e outra de cunho jurídico.

A fim de sustentar o fundamento político da coisa julgada, observa-se que a finalidade do processo consiste em garantir a justiça por meio da atuação da lei ao caso concreto. Ocorre que há casos em que a decisão prolatada pelo juiz mostra-se injusta e incompatível com a realidade, nesses casos permite-se que a parte prejudicada pela injustiça declarada na decisão tenha o direito de recorrer para ter a possibilidade de a decisão acerca de seu direito ser reformada. Nada obstante, as relações jurídicas fixadas pela sentença não podem ser indeterminadamente questionadas sob pena de ofensa ao princípio da segurança jurídica. Em razão disso, e com fins manifestamente políticos, o Estado estabelece um limite a partir do qual a decisão prolatada não mais poderá ser alterada, ao que denomina de coisa julgada. E será justamente a autoridade da coisa julgada que irá conferir estabilidade às relações jurídicas pacificadas por meio das decisões.

No que tange aos fundamentos jurídicos que dão substrato ao instituto da coisa julgada, observa-se que não há unanimidade entre os doutrinadores, pois conforme já apresentado neste tópico, há diversas teorias que intencionam justificá-la, entre as quais, a teoria da presunção de verdade; da ficção de verdade; da eficácia da declaração; da vontade do Estado, entre outras, cada qual com sua particular importância.

---

[59] BARBOSA MOREIRA, José Carlos. Ainda e Sempre a Coisa Julgada. In: Direito Processual Civil: Ensaios e Pareceres. Rio de Janeiro: Editor Borsoi. 1971. p. 146.

Antes de concluirmos este tópico, vale gizar que o instituto da coisa julgada é de bastante relevo para o Estado Democrático de Direito, haja vista a necessidade de serem estabilizadas as relações jurídicas discutidas em juízo.

Por isso também, o instituto da coisa julgada encontra-se especialmente relacionado a jurisdição[60], sendo um atributo desta, pois através da coisa julgada, a solução manifestada pelo Estado em sua atividade de substituir-se aos titulares do interesse em conflito para, de forma imparcial, buscar a pacificação do conflito de forma justa, torna-se definitiva e imutável, produzindo efeitos, não somente entre as partes, mas também diante do próprio ordenamento jurídico, de modo que a questão discutida em juízo não mais poderá ser rediscutida por outro juiz[61].

Discorrendo sobre o assunto, o notável processualista Marcelo Abelha Rodrigues expõe minuciosamente que:

> "(...) enquanto figura indispensável de ordem pública e exigida por razões de política e justiça, a coisa julgada se mostra como instituto imprescindível a função substitutiva do poder judiciário, já que de nada adiantaria o Estado trazer para si a tutela jurisdicional e pacificar as lides se as sentenças prolatadas pelos seus representantes (juízes e tribunais) não fossem dotadas de poder de submissão e imutabilidade do comando decisivo, ou seja, não fossem acatadas em todo o território nacional de modo a estabilizar definitivamente a *res in iudicium deducta*" [62].

Nesses termos, o preceito constitucional de que "a lei não retroagirá para atacar o ato jurídico perfeito, o direito adquirido e a coisa julgada" [63], está a conferir proteção à coisa julgada material, isto é, visa assegurar uma situação a qual o Estado conferiu autoridade, indiscutibilidade e imutabilidade.

---

[60] Está ligação entre o conceito de coisa julgada e de jurisdição foi ressaltada e objeto de estudo da teoria da extinção da obrigação jurisdicional, anteriormente abordada, que foi difundida por Ugo Rocco.

[61] Desde que presentes os mesmos elementos de uma decisão já transitada em julgado – partes, pedido e causa de pedir – não será possível que o juiz profira nova decisão de mérito a respeito, haja vista que a existência de coisa julgada consiste em um requisito (de validade) processual objetivo extrínseco ou negativo do processo, de modo que a verificação de sua existência pelo juiz da causa importará na extinção do processo sem resolução do mérito, nos termos do inciso V, do art. 267 do Código de Processo Civil.

[62] RODRIGUES, Marcelo Abelha. *Manual de Direito Processual Civil*. 5. ed. São Paulo: Revista dos Tribunais, 2010. p. 240.

[63] Art. 5º, inciso XXXVI, da Constituição Federal.

Por oportuno, destaca-se, com escólio na doutrina de Carlos Valder do Nascimento, que apesar de o instituto ter amparo constitucional e legal, as regras inerentes à *res iudicata* estão contidas no plano infrconstitucional (no Código de Processo Civil), motivo pelo qual entende-se que o dispositivo constitucional que trata da *res iudicata* visa garantir que as normas fixadas por meio de leis ordinárias não contrariem o que já foi decidido pelo Poder Judiciário, cuja sentença enfrentou o mérito e, posteriormente, transitou em julgado[64]. Tratando-se assim de uma norma direcionada ao legislador.

Nesse sentido são de profundo esclarecimento as palavras do juiz Anselmo Gonçalves da Silva:

> "O texto constitucional encerra um comando dirigido ao legislador ordinário, que não poderá editar normas que retroajam para prejudicar direitos ou para modificar os efeitos de sentenças transitadas em julgado" [65].

Bem definidos os contornos do conceito de coisa julgada para as mais diversas teorias já apresentadas, e destacando a importância experimentada por cada uma delas, sob a ótima, sobretudo, de seus defensores mais expoentes, chegando-se a teoria afirmada por nosso Código de Processo Civil, passemos a uma análise mais detida das duas faces da coisa julgada, isto é, sua acepção formal e material.

3.3. COISA JULGADA FORMAL

Conforme já afirmado a coisa julgada formal e a coisa julgada material são as duas faces da *res iudicata* que se encontram intimamente relacionadas à imutabilidade da decisão, embora sejam constituídas em momentos jurídicos distintos.

A imutabilidade das decisões ocorre a partir do momento em que há o trânsito em julgado das decisões, fator este extremamente importante para a estabilização das relações jurídicas discutidas em juízo.

---

[64] NASCIMENTO, Carlos Valder; THEODORO JÚNIOR, Humberto; FARIA, Juliana Cordeiro de. *Coisa Julgada Inconstitucional: a questão da segurança jurídica*. Belo Horizonte: Fórum, 2001. p. 35.
[65] *Apud:* NASCIMENTO, Carlos Valder; THEODORO JÚNIOR, Humberto; FARIA, Juliana Cordeiro de. *op. cit.* p. 36.

Ocorre que este caráter de imutabilidade da decisão poderá ser restrito ao processo e as partes nele envolvidas ou produzir efeitos mais abrangentes. Justamente nesse aspecto que se encontra a diferença entre, respectivamente, a coisa julgada formal e a coisa julgada material.

Nessa perspectiva, a coisa julgada formal corresponde à imutabilidade adquirida pela decisão prolatada – sentença ou acórdão - quando a mesma não é mais suscetível de ser impugnada por meio de qualquer recurso ou expediente processual, tendo em vista a preclusão destes, tornando-se a decisão imutável a partir do momento em que há a configuração do trânsito em julgado da decisão. Ou seja, é formada quando a decisão torna-se irrecorrível, de modo a não ser admissível a sua substituição por qualquer outra decisão (de instância superior) superveniente.

Nos termos de Cândido Dinamarco, "a coisa julgada formal é ao mesmo tempo resultado da inadmissibilidade de qualquer recurso e fator impeditivo da substituição da sentença por outra" [66].

Por ser uma imutabilidade adquirida pela sentença enquanto ato processual[67], todas as sentenças são suscetíveis a mesma, isto porque toda sentença tem por fim extinguir o processo, o que se depreende por meio da interpretação conjunta dos artigos 162, §1º, 267 e 269 do Código de Processo Civil. Diversamente, a coisa julgada material, somente será formada quando houver resolução de mérito.

Por estar vinculada ao fenômeno processual da preclusão, haja vista que é formada quando verificada a preclusão de todos os recursos que seriam cabíveis à espécie, a coisa julgada em seu aspecto formal é também conhecida pela expressão "preclusão maxima" [68], pois uma vez formada não é mais possível a reforma da sentença no próprio processo em que foi proferida.

---

[66] DINAMARCO, Cândido Rangel. *Instituições de Direito Processual Civil*. Vol. III. 5. ed. São Paulo: Malheiros Editores, 2005. p. 296.

[67] LIEBMAN, Enrico Tullio. *Eficácia e Autoridade da Sentença e outros Escritos sobre a Coisa Julgada*. 4ª edição. Rio de Janeiro: Forense, 2007. p. 55.

[68] Expressão cunhada, entre outros, por Cândido Rangel Dinamarco (*Instituições de Direito Processual Civil*. Vol. III. 5ª edição, editora Malheiros, 2005. p. 295-296) e Moacyr Amaral Santos (*Comentários ao Código de Processo Civil*. Vol. IV. 4ª edição. Rio de Janeiro: Forense, 1988. p. 430).

Dessa forma, ocorre a preclusão dos recursos, com o consequente trânsito em julgado e a formação da coisa julgada formal, estabilizando-se a relação jurídica processual discutida, quando o interessado não interpõe o recurso no prazo legal (preclusão temporal), ocorrendo o trânsito em julgado da decisão no último momento do último dia para a interposição do recurso cabível; quando a parte vencida renúncia ao seu direito de recorrer, manifesta a aquiescência à sentença ou pratica ato incompatível com a vontade de recorrer (preclusão lógica); ou por meio da interposição do próprio recurso cabível (preclusão consumativa), na verdade, nesse caso a preclusão consumativa só ocorrerá quando o último desses recursos tiver sido interposto ou julgado, ou quando nenhum deles for admissível.

A coisa julgada em seu aspecto formal, como já ressaltado sumariamente, produz efeitos apenas dentro do processo, alcançando tão somente as partes envolvidas na solução do litígio. Por isso, Pedro Eduardo Pinheiro, comparando os dois aspectos da coisa julgada, afirma que ambas tornam a decisão imutável, porém há um ponto que as distingue, "na coisa julgada formal, o conteúdo da sentença se torna imutável, apenas, dentro do processo em que proferida, ao passo que na coisa julgada material, ele se torna imutável para qualquer relação processual" [69].

Por fim, considerando que a coisa julgada formal é um atributo de toda sentença, independente de haver a solução ou não do mérito, observa-se ser esta um pressuposto para a configuração da coisa julgada material, porém, o inverso nem sempre é verificado. Por isso, pode se afirmar que há coisa julgada formal tanto nos casos listados no art. 267 do CPC, casos em que o processo extingue-se sem a análise de mérito, quanto nos casos previstos no art. 269 do mesmo diploma legal, quando haverá o julgamento do mérito. Sendo que nas hipóteses daquele dispositivo haverá tão somente a formação da coisa julgada formal, enquanto neste haverá além da coisa julgada formal, a constituição da coisa julgada material.

3.4.   COISA JULGADA MATERIAL

---

[69] SIQUEIRA, Pedro Eduardo Pinheiro Antunes de. *A coisa Julgada Inconstitucional*. Rio de Janeiro: Renovar, 2006. p. 84

Enquanto a coisa julgada formal está relacionada à imutabilidade da sentença enquanto ato processual, a coisa julgada material confere imutabilidade ao conteúdo da sentença e, por conseguinte aos seus efeitos[70].

A coisa julgada material é a imutabilidade dos efeitos da sentença de mérito, verificada após o trânsito em julgado. A mesma é verificada nas sentenças meramente declaratórias, constitutivas, condenatórias, sejam estas julgadas procedentes ou improcedentes, no momento em que a mesma tornar-se irrecorrível.

A coisa julgada pressupõe a coisa julgada formal, isto é, tem por base a imutabilidade da sentença no mesmo processo em que foi proferida, sendo que a esta característica acrescenta-se a autoridade de coisa julgada, que conferirá a decisão imutabilidade também fora do processo em que a relação jurídica foi discutida.

Destarte, uma vez transitada em julgado a decisão que põe fim ao litígio com solução de mérito, a relação discutida se estabiliza, revestindo-se do véu da imutabilidade, e em razão de sua autoridade, a coisa julgada substancial constituída terá força de lei não só entre as partes, mas também diante de terceiros, produzindo por isso efeitos amplos, sendo apta, portanto, a concretizar o princípio da segurança jurídica.

Dessa forma, após a formação da coisa julgada material a relação jurídica outrora discutida esbilizar-se-á definitivamente, produzindo efeitos diante das partes e de terceiros. Em razão disso, se eventualmente for instaurado novo processo, a respeito do mesmo direito material já objeto de sentença sobre a qual recai a autoridade coisa julgada material, esta funcionará como um impeditivo processual, de modo que a nova ação será extinta sem julgamento de mérito nos termos do art. 267, V, do Código de Processo Civil[71].

Isso ocorre porque a coisa julgada constitui um pressuposto processual de validade negativo da ação, isto é, para que a mesma seja válida devem estar presentes os requisitos de existência, os pressupostos positivos de validade e ausentes os pressupostos negativos de validade. Se presentes ao menos um dos pressupostos negativos de validade, a exemplo da própria coisa julgada, o mérito da ação não poderá

---

[70] LIEBMAN, Enrico Tullio. *Eficácia e Autoridade da Sentença e outros Escritos sobre a Coisa Julgada.* 4. ed. Rio de Janeiro: Forense, 2007. p. 55.
[71] Art. 267. Extingue-se o processo, sem resolução de mérito: V - quando o juiz acolher a alegação de perempção, litispendência ou de coisa julgada.

ser analisado, devendo a ação ser extinta em razão da impossibilidade de reanálise da mesma lide já estabilizada por meio de decisão trânsita em julgado.

3.5. LIMITES OBJETIVOS DA COISA JULGADA

3.5.1. Alcance

No que tange aos limites objetivos da coisa julgada, entende-se que a coisa julgada se forma sobre o dispositivo da sentença, isto é, o pronunciamento do juiz no sentido de acolher ou rejeitar o pedido do autor, traduzindo-se num verdadeiro "comando" que se tornará firme e imutável em razão da coisa julgada. Nestes termos, sintetiza Moacyr Amaral Santos que "a sentença se prende ao pedido e ao pedido se liga a coisa julgada que da sentença dimana" [72].

Conclusão nesse sentido é obtida por meio da interpretação conjunta dos artigos 468 e 469, do Código de Processo Civil, que visam justamente a conferir limites objetivos a coisa julgada material, de modo a definir que parte da decisão se tornará realmente imutável e indiscutível.

Através de uma interpretação, ainda que a contrário senso, do referido art. 469 do CPC, observa-se que este deixa claro que somente o dispositivo da sentença é apto a fazer coisa julgada material, isso porque o mesmo é expresso ao preceituar que não fazem coisa julgada os motivos, a verdade dos fatos estabelecida como fundamento da sentença, nem a apreciação das questões prejudiciais, importantes para a resolução do caso, decididas incidentalmente no processo.

Dessa forma, observa-se que a coisa julgada material incide apenas sobre o objeto do processo, sobre a questão controvertida da demanda, o objeto litigioso, isto é, sobre a própria lide que restará pacificada por meio da determinação contida no dispositivo da sentença, parte sobre a qual incidirá a autoridade da coisa julgada.

---

[72] SANTOS, Moacyr Amaral. *Comentários ao Código de Processo Civil*. Vol. IV. 4. ed. Rio de Janeiro: Forense, 1988. p. 443.

Considerando que apenas o dispositivo da sentença é alcançado pela autoridade da coisa julgada, verifica-se que a causa de pedir e o pedido apresentados pelo autor da demandam consubstanciam os verdadeiros limites objetivos da *res iudicata*. Corroborando entendimento assente na doutrina[73] nesse sentido, Marcelo Abelha Rodrigues tece as seguintes considerações:

> "Se apenas o *decisum* é que faz coisa julgada material, não temos então dúvida em afirmar que o limite objetivo da coisa julgada é a própria lide decidida. A causa de pedir e o objeto da lide 'traçam as fronteiras objetivas da coisa julgada'. Prova do exposto é o próprio art. 264 do CPC, que regula, entre outras coisas, o princípio da inalterabilidade da demanda e coloca a causa de pedir e o pedido como seus elementos objetivos" [74].

Ademais, no que tange as questões prejudiciais[75], importa salientar que embora as mesmas não sejam alcançadas pela autoridade da coisa julgada quando decididas incidentalmente no processo, isto é, quando for imprescindível superá-las para a resolução da lide, há casos em que as mesmas poderão fazer também coisa julgada.

Isso porque nos termos em que preceitua o art. 470 do CPC, a resolução da questão prejudicial faz coisa julgada se a parte requerer, com fulcro nos artigos 5º e 325 do referido diploma legal, o juiz for competente em razão da matéria e a análise da questão constituir pressuposto necessário para o julgamento da lide.

Nesses casos, a análise e o julgamento das questões prejudiciais serão realizados por meio de uma ação declaratória incidental, sendo que a decisão definitiva proferida no âmbito desta ação será acobertada pela autoridade da coisa julgada.

3.5.2. Eficácia preclusiva da coisa julgada

---

[73] BARBOSA MOREIRA, Jósé Carlos. *Direito Aplicado II – Pareceres*. Rio de Janeiro: Forense, 1984, p. 16 (*apud* SIQUEIRA, Pedro Eduardo Pinheiro Antunes de. *A coisa Julgada Inconstitucional*. Rio de Janeiro: Renovar, 2006. p. 91).

[74] RODRIGUES, Marcelo Abelha. *Manual de Direito Processual Civil*. 5. ed. São Paulo: Revista dos Tribunais, 2010. p. 253.

[75] "(...) são aquelas que, podendo por si sós constituir objeto de processo autônomo, surgem num outro processo, como antecedente lógico da questão principal, devendo ser decididas antes destas por influírem no seu teor" (CINTRA, Antônio Carlos de Araújo; GRINOVER, Ada Pellegrini; DINAMARCO, Cândido Rangel. *Teoria Geral do Processo*. 24. ed. São Paulo: Malheiros Editores, 2008. p. 331).

Inicialmente insta constar que a coisa julgada e preclusão são institutos que embora afins não se confundem. Ressalva nesse sentido, inclusive, foi apresentada por Chiovenda, que definiu a preclusão nos seguintes termos:

> "A preclusão é um instituto geral com frequentes aplicações no processo e consiste na perda duma faculdade processual por se haverem tocado os extremos fixados pela lei para o exercício dessa faculdade no processo ou numa fase do processo" [76].

Relacionando esses dois institutos, observa-se-á que a coisa julgada ocorrerá quando encontrarem-se preclusas todas as questões alegadas ou passíveis de serem alegadas pelas partes.

Nesses termos, confirma, ainda, Chiovenda:

> "Preclusas, portanto, todas as questões propostas ou proponíveis, temos a coisa julgada, isto é, a afirmação indiscutível, e obrigatória para os juízes de todos os futuros processos, duma vontade concreta de lei, que reconhece ou desconhece um bem da vida a uma das partes" [77].

Superadas a análise dessas premissas, passemos ao estudo da eficácia preclusiva da coisa julgada.

De acordo com Cândido Rangel Dinamarco, eficácia preclusiva da coisa julgada é "a aptidão, que a própria autoridade da coisa julgada material tem, de excluir a renovação de questões suscetíveis de neutralizar os efeitos da sentença cobertos por ela" [78].

Conforme já afirmado no subtópico anterior, por disposição expressa no art. 469 do CPC a apreciação de questão prejudicial decidida incidentalmente no processo não faz coisa julgada.

Os artigos 471 e 474 do CPC, por sua vez, ao tratarem da matéria, preceituam que o juiz não decidirá na mesma lide as questões já decididas, salvo algumas exceções, bem como

---

[76] CHIOVENDA, Giuseppe. *Instituições de Direito Processual Civil*. Vol I. São Paulo: Editora Saraiva. 1969. p. 372.
[77] *Ibid*. p. 374.
[78] DINAMARCO, Cândido Rangel. *Instituições de Direito Processual Civil*. Vol. III. 5. ed. São Paulo: Malheiros Editores, 2005. p. 321-322.

que após o trânsito em julgado, as partes não poderão discutir sobre questões que poderiam ter sido alegadas ou deduzidas em juízo e não foram. Vejamos:

> "Art. 471. Nenhum juiz decidirá novamente as questões já decididas, relativas à mesma lide, salvo:
>
> I - se, tratando-se de relação jurídica continuativa, sobreveio modificação no estado de fato ou de direito; caso em que poderá a parte pedir a revisão do que foi estatuído na sentença;
>
> II - nos demais casos prescritos em lei.
>
> Art. 474. Passada em julgado a sentença de mérito, reputar-se-ão deduzidas e repelidas todas as alegações e defesas, que a parte poderia opor assim ao acolhimento como à rejeição do pedido".

Após a leitura dos referidos dispositivos e por meio de sua interpretação conjugada com o art. 469 do CPC[79], observa-se que a autoridade da coisa julgada não recai sobre as questões deduzidas ou dedutíveis no processo, haja vista que a coisa julgada está atrelada tão somente ao mérito da demanda, contido no dispositivo da sentença. Nada obstante, após a formação da *res iudicata*, a preclusão incidirá sobre referidas questões, de modo que as mesmas não poderão ser invocadas em processo posterior que vise a atacar a coisa julgada já formada, isso ocorre em razão do fenômeno da eficácia preclusiva da coisa julgada. Ressalta-se que alguns autores considerando que esse fenômeno ultrapassa os limites do processo em que a questão foi resolvida, preferem denominá-lo de "eficácia preclusiva panprocessual da coisa julgada", haja vista que a preclusão é um fenômeno endoprocessual. Nesse sentido, Marcelo Abelha esclarece que:

> "A esse fenômeno a doutrina deu o nome de eficácia preclusiva da coisa julgada. Entretanto, como a preclusão é um fenômeno endoprocessual, e o que ocorre com as questões extrapola o próprio processo, preferimos dizer que se trata de uma eficácia preclusiva panprocessual da coisa julgada. É o que se dá quando o réu não alega a prescrição e contra si é dada uma sentença condenatória. Não poderá em ação posterior, em ação declaratória de inexistência de relação jurídica com o credor, pretender atacar a coisa julgada com fundamento na prescrição do crédito" [80].

---

[79] Art. 469. Não fazem coisa julgada: I - os motivos, ainda que importantes para determinar o alcance da parte dispositiva da sentença; II - a verdade dos fatos, estabelecida como fundamento da sentença; III - a apreciação da questão prejudicial, decidida incidentemente no processo.

[80] RODRIGUES, Marcelo Abelha. *Manual de Direito Processual Civil*. 5. ed. São Paulo: Revista dos Tribunais, 2010. p. 254.

No que pertine ao âmbito de incidência da eficácia preclusiva da coisa julgada, insta registrar que há três correntes doustrinárias a respeito. De acordo com a corrente majoritária, a eficácia preclusiva da coisa julgada atinge tão somente os fundamentos que embasaram o pedido do autor, isto é a causa de pedir. Em razão desse entendimento, admite-se que posteriormente seja ajuizada nova ação com o mesmo pedido, desde que a causa de pedir seja diversa, a qual não poderia ter sido suscitada na época da primeira ação.

Já para a segunda corrente, a eficácia preclusiva da coisa julgada abrange todos os possíveis fundamentos que poderiam ter sido deduzidos pelas partes, com o objetivo de acolhimento ou rejeição do pedido, tratando-se de autor e réu, respectivamente. Essa posição tem como base o princípio da eventualidade e o instituto da preclusão.

E, por fim, os defensores da terceira corrente sobre o assunto, sustentam que a eficácia preclusiva da coisa julgada alcança todos aqueles fatos semelhantes, alegados ou não pelas partes que poderiam ter sido utilizados para embasar sua defesa.

3.6. LIMITES SUBJETIVOS DA COISA JULGADA

3.6.1. Extensão dos efeitos subjetivos da sentença a terceiros

Uma vez fixados os limites objetivos da coisa julgada material, resta desvendarmos os limites subjetivos da mesma, ou seja, cumpre verificarmos quem será beneficiado ou prejudicado pela sentença.

Pois bem. Em regra, a sentença é lei para as partes entre as quais é proferida, não beneficiando nem prejudicando terceiros alheios à relação jurídico-processual estabelecida entre as partes[81]. Esta regra[82] foi adotada pelo legislador no Código de Processo Civil Brasileiro vigente, de modo que os limites subjetivos da sentença foram delimitados por meio da redação de seu art. 472, que assim prescreve:

---

[81] Trata-se da máxima "*res inter alios ascta nec prodesf*".

[82] De acordo com Antônio Gidi trata-se de um princípio adotado pelo Código de Processo Civil vigente em seu art. 472 que disciplina o regime jurídico dos limites subjetivos da coisa julgada (GIDI, Antônio. *Coisa julgada e litispendência em ações coletivas*. São Paulo: Saraiva, 1995. p. 10-11).

"A sentença faz coisa julgada às partes entre as quais é dada, não beneficiando, nem prejudicando terceiros. Nas causas relativas ao estado de pessoa, se houverem sido citados no processo, em litisconsórcio necessário, todos os interessados, a sentença produz coisa julgada em relação a terceiros".

Por meio da leitura atenta do dispositivo supratranscrito, verifica-se que a coisa julgada, em regra, somente produz efeitos entre as partes integrantes do processo.

Esse dispositivo explicita os termos do art. 468 do CPC, que já indica que a sentença tem força de lei nos limites da lide e das questões decididas. Dessa forma, sendo as partes um dos elementos caracterizadores da lide, a sentença somente poderá produzir efeito sobre as partes que integraram a lide[83].

Considerando que a sentença, em regra, apenas produz efeitos entre as partes integrantes da lide, importa apresentarmos um conceito de "parte". Tratando de delimitar o que devemos entender por "parte", Fredie Didier Júnior ensina que:

"O conceito de parte deve restringir-se àquele que participa (ao menos potencialmente) do processo com parcialidade, tendo interesse em determinado resultado do julgamento. Saber se esta participação se dá em relação à demanda, principal ou incidental, ou em relação à discussão de determinada questão, não é algo essencial para o conceito puramente processual de parte. Parte é quem postula ou contra quem se postula ao longo do processo, e que age, assim, passionalmente".

Dessa forma, fixado o conceito de parte, compreende-se a extensão precisa da regra segundo a qual, a coisa julgada somente alcança as partes envolvidas no processo.

Ressalta-se que, consoante os fundamentos apresentados por Cândido Rangel Dinamarco, há duas razões básicas pelas quais a autoridade da coisa julgada não deve ir além dos sujeitos processuais: primeiro, em virtude de assegurar a garantia constitucional do contraditório (art. 5º, LV, da CF), que preconiza que a parte deve ter a oportunidade de participar e interferir na decisão do órgão julgador; segundo, o desinteresse dos terceiros

---

[83] SIQUEIRA, Pedro Eduardo Antunes de. *A coisa Julgada Inconstitucional*. Rio de Janeiro: Renovar, 2006. p.89.

pelo resultado do processo que não lhes afeta diretamente a esfera de direitos e obrigações. Nesses termos, explicita Dinamarco que:

> "Como a sentença e seus efeitos têm sempre referência a determinado bem da vida, ordinariamente a decisão só atinge os titulares de direitos, obrigações ou mesmo meras pretensões que incidam sobre esse bem" [84].

Dessa forma, o próprio objeto da sentença de mérito e as regras referentes à titularidade do direito de ação, já são suficientes, para afastar a incidência dos efeitos da coisa julgada, ao menos em regra, da esfera jurídica de terceiros.

Ocorre que a norma preceituada no art. 472 não é indene de qualquer exceção.

Pois, embora terceiros não possam ser acobertados pela coisa julgada formada, é possível que os mesmos sejam atingidos pela decisão proferida e posteriormente acobertada pelo fenômeno da coisa julgada. Nesse sentido, inclusive, já preceituava Chiovenda que "Todos são obrigados a reconhecer o julgado entre as partes, mas não podem ser por ela prejudicados" [85].

Dessa forma, verifica-se que embora a regra geral seja que a coisa julgada só produza efeitos entre as partes integrantes da lide, essa regra pode sofrer exceções legalmente instituídas ou até mesmo variações em seu grau de influência na esfera de terceiros.

Lição nesse sentido é possível ser extraída da teoria de Liebman que já diferenciava a eficácia da sentença como ato do Estado apto a produzir efeitos em relação a todos indistintamente, isto é, sua eficácia natural; e, a autoridade da coisa julgada cujos efeitos só abrangem às partes.

Nesse sentido, importa transcrevermos a lição de Liebman nos seguintes termos:

> "Independente da coisa julgada, a sentença tem a sua característica natural, obrigatória e imperativa, que deriva simplesmente da sua natureza de ato de autoridade, de ato do Estado, mas que está destinada a desaparecer, quando se demonstra que a sentença é injusta: a coisa julgada reforça essa eficácia porque

---

[84] DINAMARCO, Cândido Rangel. *Instituições de Direito Processual Civil*. Vol. III. 5. ed. São Paulo: Malheiros Editores, 2005. p. 315.
[85] CHIOVENDA, Giuseppe. *Instituições de Direito Processual Civil*. Vol I. São Paulo: Editora Saraiva. 1969.p. 572.

torna impossível ou inoperante a demonstração da injustiça da sentença. A eficácia natural da sentença atua com relação a todos; por outro lado, a coisa julgada só vale entre as partes, pelo que estas suportam a sentença sem remédio, ao passo que os terceiros podem destruí-la, demonstrando a sua injustiça. Porém, nem todos os terceiros estão habilitados a fazê-lo e sim somente aqueles que têm interesse jurídico legítimo em tal sentido: não, por exemplo, os credores do condenado, que têm simples interesse de fato" [86].

Indo adiante, verifica-se, então, que embora em regra os efeitos produzidos pela sentença se restrinjam às partes do processo (autoridade da coisa julgada), há casos em que a sentença pode produzir efeitos diretos e imediatos ou reflexos e mediatos na esfera jurídica de terceiros, podendo proporcionar, por exemplo, um prejuízo de fato ao terceiro, o que ocorre quando terceiros têm relação jurídica conexa ou interligada àquela que esta sendo discutida em juízo.

Nesse ponto, tratando-se de prejuízo meramente econômico, como se sabe, o terceiro não será considerado interessado para fins de intervenção processual, haja vista que conforme entendimento consolidado nos tribunais e na doutrina pátria, o interesse apto a justificar a intervenção de terceiro é o jurídico.

Desta feita, constatada a existência de interesse jurídico será oportunizado ao terceiro a intervenção no processo, por meio, por exemplo, da assistência. Sendo que a partir do momento em que ocorrer a intervenção, o terceiro assumirá o status de parte auxiliar do processo, posto que interessado na causa e parcial. Assim, conquanto não seja alcançado pela autoridade da coisa julgada, não poderá o mesmo discutir a justiça da decisão em outro processo, haja vista que os fundamentos da sentença, bem como sua conclusão, não mais poderão ser postos em discussão pelo assistente, uma vez que o mesmo participou do contraditório. Norma nesse sentido, inclusive, é consagrada no art. 55 do CPC[87].

A respeito, ressalta-se que, a fim de elucidar os efeitos da sentença sobre terceiros, há doutrinadores que classificam os terceiros considerando o grau de influência dos efeitos

---

[86] LIEBMAN, Enrico Tullio (*apud* RODRIGUES, Marcelo Abelha. *Manual de Direito Processual Civil*. 5. ed. São Paulo: Revista dos Tribunais, 2010. p. 256).

[87] Art. 55. Transitada em julgado a sentença, na causa em que interveio o assistente, este não poderá, em processo posterior, discutir a justiça da decisão, salvo se alegar e provar que: I - pelo estado em que recebera o processo, ou pelas declarações e atos do assistido, fora impedido de produzir provas suscetíveis de influir na sentença; II - desconhecia a existência de alegações ou de provas, de que o assistido, por dolo ou culpa, não se valeu.

da sentença sobre suas relações jurídicas[88]. Nesse sentir, Vicente Greco Filho[89] afirma que há quatro tipos de terceiros: a) terceiros absolutamente indiferentes, que não sofrem qualquer influência da sentença proferida entre outros; b) terceiros com interesse de fato, que nada podem fazer, haja vista que não são atingidos em sua relação jurídica; c) terceiros juridicamente interessados, com interesse igual ao das partes, casos em que o terceiro por não ser atingido pela imutabilidade da coisa julgada, terá o direito de ingressar com ação própria para pleitear direito seu; d) terceiro com interesse jurídico inferior ou subordinado, porque são titulares de relação jurídica dependentes, estes poderão ter, eventualmente, ação própria para a defesa do interesse específico que a ordem jurídica material definir.

Observados os casos em que a sentença poderá produzir efeitos na esfera jurídica de terceiros. Resta saber, se há casos em que a autoridade da coisa julgada possa, excepcionalmente, abranger terceiros, isto é, acobertá-los com o manto da coisa julgada, impedindo-os de discutir direito seu que já foi objeto de decisão transitada em julgado em processo no qual os mesmos não foram partes.

Nessa perspectiva, verificamos que há sim a possibilidade, ainda que excepcional, de a coisa julgada estender seus limites subjetivos sobre aqueles que não foram partes do processo. Isso ocorre em razão da especial posição ocupada no plano das relações de direito material e sua natureza. São, nos termos de Vicente Greco Filho, "casos de verdadeira extensão da coisa julgada decorrente do tratamento legal dado a certas relações de direito material" [90].

Assim, observa-se que ocorre a extensão da coisa julgada nos casos de sucessão processual, substituição processual, bem como quando há legitimados concorrentes para demandar.

---

[88] Classificação nesse sentido já era apresentada por Liebman, que distinguia três espécies de terceiros: terceiros juridicamente indiferentes; terceiros juridicamente interessados, não sujeitos à exceção da coisa julgada; e, terceiros juridicamente interessados sujeitos à exceção da coisa julgada (LIEBMAN, Enrico Tullio. *Eficácia e Autoridade da Sentença e outros Escritos sobre a Coisa Julgada*. 4. ed. Rio de Janeiro: Forense, 2007. p. 91).
[89] GRECO FILHO, Vicente. *Direito Processual Civil Brasileiro*. São Paulo: Saraiva, 2003. p. 254-255.
[90] GRECO FILHO, Vicente. *Direito Processual Civil Brasileiro*. São Paulo: Saraiva, 2003. p. 256.

No que tange à sucessão processual, observa-se que os sucessores das partes, embora não tenham sido partes, estão sujeitos à coisa julgada porque recebem os direitos e ações no estado de coisa julgada.

Na substituição processual, há a extensão da coisa julgada ao substituído, porque este apesar de não ter atuado como parte, é o titular do direito discutido. Trata-se de uma hipótese de legitimação extraordinária, em que terceiro defende em nome próprio direito alheio, hipótese na qual não faria sentido que a coisa julgada obtida pelo legitimado extraordinário não alcançasse o titular do direito ou obrigação, pois se assim fosse a decisão não poderia produzir os efeitos intencionados.

Quanto às hipóteses de sucessão e substituição, Cândido Dinamarco preceitua que:

> "O sucessor da parte e o sujeito substuído por aquele que esteve em juízo para a defesa de seu interesse (CPC, art. 6º) sujeitam-se à autoridade do julgado como se houvessem sido partes no processo, embora não o tenham sido. Não reside nessas proposições qualquer mitigação ou mesmo ressalva à regra da limitação subjetiva da autoridade do julgado às partes, mas mera especificação. As razões que impedem a extensão dessa autoridade a terceiros não prevalecem quanto ao sucessor e substituído, porque deles é o interesse substancial em jogo e porque, por modos que a lei reputa idôneos, seus interesses estiverem defendidos no processo – os do sucessor por quem era titular do direito ao tempo e os do substituído, pelo sujeito a quem o direito outorga a *legitimacy of representation*" [91].

Nos casos de legitimados concorrentes para demandar, o que ocorre, por exemplo, no caso de credores solidários, a decisão obtida no processo em que apenas um deles participou torna-se imutável em face de todos os outros legitimados concorrentes, haja vista ser a relação de direito material discutida indivisível. Observa-se que nesta hipótese o credor solidário que ingressa sozinho em face do devedor comum, estará atuando tanto em nome próprio na defesa de direito seu (legitimado ordinário), quanto na defesa do direito dos outros credores (legitimado extraordinário).

Discorrendo a respeito das situações em que há legitimidade extraordinária concorrente, nas quais, apenas um dos legitimados vai a juízo para a tutela de um direito indivisível também pertencente a outras pessoas, o que ocorre, por exemplo, quando um dos sócios

---

[91] DINAMARCO, Cândido Rangel. *Instituições de Direito Processual Civil*. Vol. III. 5. ed. São Paulo: Malheiros Editores, 2005. p. 319.

pretende anular uma assembléia que foi realizada sem as formalidades legais, Marcelo Abelha Rodrigues entende que por ser uma hipótese de litisconsórcio facultativo unitário, todos aqueles que estão ligados ao direito material discutido serão alcançados pelo fenômeno da coisa julgada, em razão da unitariedade e indivisibilidade do objeto.

Elucidando seu entendimento, referido doutrinador aduz que:

> "(...) existindo a hipótese de litisconsórcio facultativo unitário, como o nome mesmo já diz, só existe uma lide, que pertence a várias pessoas, de modo que uma vez pacificada essa lide, o problema do atingimento de terceiros pela autoridade da coisa julgada não passa apenas pela análise dos limites subjetivos do julgado, mas também pelos limites objetivos da decisão, pelo simples fato de que, se pacificada a lide, que é única, todos os que dela são sujeitos (materialmente falando) serão atingidos pela coisa julgada. Deveria, portanto, ser imposta a formação do litisconsórcio, que se mostra indispensável e necessário em razão da unitariedade e indivisibilidade do objeto. Pode-se, portanto, impor o litisconsórcio necessário na medida em que se cita o interessado (art. 213 do CPC) para que esse possa participar da relação jurídica processual" [92].

Como observado, nos casos de litisconsórcio passivo facultativo unitário em que o objeto for indivisível, a solução consistiria na imposição de um litisconsórcio necessário de todos aqueles juridicamente interessados em razão da natureza da lide, sob pena de a coisa julgada atingir terceiros, desrespeitando, por isso o princípio do contraditório.

Ocorre que nos casos em que esse litisconsórcio unitário se der no pólo ativo, não há como impor que tal litisconsórcio seja necessário, isso porque se fosse exigida a participação de todos aqueles relacionados ao objeto da lide (unitário e indivisível) haveria ofensa direta ou, no mínimo uma restrição, ao princípio da inafastabilidade da jurisdição, consagrado expressamente no art. 5º, XXXV, da CF.

Dessa forma, por meio de uma interpretação conforme a Constituição, Marcelo Abelha Rodrigues identifica como solução para o caso, a necessidade de citação de todos aqueles relacionados diretamente com a relação jurídica material discutida em juízo – objeto este incindível –, para que os mesmos possam atuar no processo como parte, sendo lhes assegurado, portanto, o exercício do direito de contraditório. Dessarte, uma

---

[92] RODRIGUES, Marcelo Abelha. *Manual de Direito Processual Civil*. 5. ed. São Paulo: Revista dos Tribunais, 2010. p. 259.

vez cientificados da demanda e aptos a integrá-la, a coisa julgada poderá produzir regularmente seus efeitos sobre eles.

3.6.2. Coisa julgada nas ações de Estado

A parte final do art. 472 do CPC dispõe que: "Nas causas relativas ao Estado de pessoa, se houverem sido citadas no processo, em litisconsórcio necessário, todos os interessados, a sentença produz coisa julgada em relação a terceiros".

Analisando o dispositivo em comento Fredie Didier verifica que o mesmo parece conferir a impressão de que a coisa julgada nesses casos é operada *ultra partes*. Impressão esta, todavia, equivocada. Termos em que aduz:

> "A redação do dispositivo pode dar a falsa impressão de que, em ações de estado, a coisa julgada é *ultra partes*. Na verdade, a regra diz respeito ao litisconsórcio: em ações de estado, todos os interessados devem ser citados, para que a sentença seja válida e lhes possa ser eficaz. Impõe-se a necessidade do litisconsórcio em tais situações, de resto já extraível do art. 47 do CPC. Se todos os interessados forem citados, todos se submeterão a coisa julgada, porque terão sido parte no processo" [93].

Observa-se, diante disso, que é apenas aparente a exceção à norma geral de que a coisa julgada limita-se às partes, constante no art. 472 do CPC.

Isso ocorre, na verdade, justamente porque os "terceiros" a que se refere a parte final do art. 472 não são propriamente terceiros. Pois os mesmos apresentam interesse jurídico na causa, são devidamente citados para atuar em litisconsórcio necessário, participando, portanto, do contraditório e assumindo a posição de parte.

Dessa forma, o fato de a autoridade da coisa julgada alcançar ditos "terceiros", nada mais é, que a aplicação da regra geral segundo a qual a coisa julgada só se forma entre as partes.

---

[93] DIDIER JR, Fredie; BRAGA, Paula Sarno; OLIVEIRA, Rafael. *Curso de Direito Processual Civil*. Vol. II. Jus Podivm, 2007. p. 593.

A corroborar esse entendimento, Eduardo Talamini pontua que:

> "A doutrina tem frequentemente apontado a impropriedade dessa disposição, que é resquício de uma concepção historicamente superada. É apenas aparente a exceção à norma geral de que a coisa julgada limita-se às partes, contida no início desse mesmo art. 472. Na hipótese ora em exame, a coisa julgada virá a atingir os 'terceiros' (sic) que diretamente detinham interesse jurídico na questão de estado objeto do julgamento precisamente porque, tendo sido citados, eles assumiram a condição jurídica das *partes*. Quando aos demais terceiros, despidos de interesse jurídico na questão, não se trata de a coisa julgada verdadeiramente lhes atingir. Faltam-lhes interesse processual e legitimidade para discutir judicialmente a questão" [94].

Assim, nota-se que a parte final do mencionado dispositivo, apenas expressa as normas gerais sobre litisconsórcio necessário e limites subjetivos da coisa julgada, nos termos em que apresentado no final do item anterior, de modo que após devidamente citado e apto a participar do contraditório o interessado assumirá a posição de parte e, evidentemente, a autoridade da coisa julgada lhe alcançará.

3.6.3. Coisa julgada subjetiva nos processos de índole coletiva

Conforme observado, de acordo com regra expressa no art. 472 do CPC, a sentença faz coisa julgada às partes entre as quais é dada, não beneficiando, nem prejudicando terceiros. Observa-se que nosso Código de Processo Civil adotou a coisa julgada *pro et contra*, isto porque a mesma se forma independente do resultado do processo, isto é, se a decisão foi julgada procedente ou improcedente. Essa modalidade de coisa julgada é adequada, em regra, para os casos em que autor e réu são perfeitamente identificáveis, demandas estas individuais e exclusivistas.

Há, porém, casos em que a coisa julgada se forma a depender do resultado do processo, hipóteses nas quais a coisa julgada será denominada de coisa julgada *secundum eventum litis*.

---

[94] TALAMINI, Eduardo. *Coisa Julgada e sua Revisão*. São Paulo: Editora Revista dos Tribunais, 2005. p. 119-120.

Vários são os casos em que a coisa julgada é formada *secundum eventum litis*, cite-se como exemplo os casos em que a formação da mesma depende da existência de elementos probatórios suficientes, quando é constituída a coisa julgada *secundum eventum probationis*, bem como quando sua formação depende da iniciativa do demandado de participar do contraditório, hipótese na qual haverá a chamada coisa julgada *secundum eventum defensionis*[95].

Pois bem. Fixadas estas premissas, passaremos a análise da coisa julgada formada nas ações coletivas.

Os interesses essencialmente coletivos, tanto difusos quanto coletivos propriamente ditos, são indivisíveis, insuscetíveis de divisão em quotas atribuíveis a cada qual dos interessados, de modo que a satisfação de um dos interessados importa na satisfação de todos, ao passo que, da mesma forma, a lesão do direito de um, implica na lesão do direito de todos os titulares de tal direito indivisível.

Em razão de suas peculiaridades, tratando-se de direitos coletivos constata-se a necessidade de extensão dos limites subjetivos da coisa julgada, de modo que a autoridade da coisa julgada seja apta a produzir efeitos sobre terceiros, isto é, pessoas que não integraram a lide. Desse modo, a coisa julgada coletiva excepciona a regra preceituada no mencionado artigo 472 do CPC, segundo a qual, a sentença faz coisa julgada somente entre as partes.

Assim, embora a coisa julgada formada nas ações coletivas seja *pro et contra*, seguindo a regra adotada por nosso Código de Processo Civil, segundo a qual a coisa julgada se formará independente do resultado do processo, observa-se que a mesma será *secundum eventum litis* no que tange a sua extensão, isto é, alcançará terceiros ou não a depender do resultado do processo, hipóteses em que se a mesma abranger terceiros poderá produzir efeitos *ultra partes*, quando tratar-se de direitos difusos, ou *erga omnes*, quando o objeto do processo referir-se a direitos coletivos em sentido estrito[96].

---

[95] De acordo com Fredie Didier Jr. são exemplos dessa modalidade a ação monitória e a ação de prestação de contas (DIDIER JR, Fredie. *Cognição, Construção de Procedimentos e Coisa Julgada: Os Regimes de Formação da Coisa Julgada no Direito Processual Civil Brasileiro*. Revista Diálogo jurídico. n. 10. Janeiro de 2002. Salvador. p. 5. Disponível em: <http://www.direitopublico.com.br/pdf_10/DIALOGO-JURIDICO-10-JANEIRO-2002-FREDIE-DIDIER-JR.pdf>. Acesso em: 07 out. 2011).

[96] "A diferença entre coisa julgada *ultra partes* e *erga omnes*, para além da terminológica, está na circunstância de que aquela diz respeito aos direitos difusos (portanto, sem qualquer possibilidade de redução da amplitude subjetiva) e, esta, aos direitos coletivos, situação em que a eficácia restringir-se-á ao

O fato de a coisa julgada nas ações essencialmente coletivas ser *secundum eventum litis* no que diz respeito à extensão de seus efeitos na esfera jurídica de terceiros – e não em relação à sua formação – é o que a doutrina denomina de extensão *in utilibus* da coisa julgada.

Nessa perspectiva, precisa é a lição de Antônio Gidi a respeito do assunto, excerto no qual o renomado doutrinador destaca que a coisa julgada formada no processo coletivo tem cunho *pro et contra*, ao passo que a produção de seus efeitos será diversa a depender do resultado do processo, ou seja, será *secundum eventum litis* quanto à sua extensão ou não a terceiros. Vejamos:

> "Rigorosamente, a coisa julgada nas ações coletivas do direito brasileiro não é *secundum eventum litis*. Seria, assim, se ela se formasse nos casos de procedência do pedido, e não nos de improcedência. Mas não é exatamente isto o que acontece. A coisa julgada sempre se formará, independentemente de o resultado da demanda ser pela procedência ou pela improcedência. A coisa julgada nas ações coletivas se forma *pro et contra*. O que diferirá, de acordo com o evento da lide, não é a formação ou não da coisa julgada, mas o rol de pessoas por ela atingida. Enfim, o que é *secundum eventum litis* não é a formação da coisa julgada, mas a sua extensão *"erga omnes"* ou *"ultra partes"* à esfera jurídica individual de terceiros prejudicados pela conduta considerada ilícita na ação coletiva (é o que se chama de extensão *in utilibus* da coisa julgada) [97]".

Diante disso, com arrimo na doutrina de Antônio Gidi, são, sobretudo, três as hipóteses a distinguir de coisa julgada nas ações coletivas. Vejamos.

Primeiro, nos casos de improcedência após instrução suficiente, a sentença coletiva fará coisa julgada *ultra partes* para atingir toda a coletividade titular do direito de natureza indivisível, seja difuso, coletivo, ou aqueles decorrentes de origem comum, isto é, os direitos individuais homogêneos. Nesses casos, a coisa julgada formada atuará no sentido de impedir que qualquer dos legitimados listados no artigo 82 do Código de Defesa do Consumidor reproponha a mesma ação coletiva, apresentando mesmo pedido

---

grupo, categoria ou classe; a eficácia *ultra partes*, se poderia afirmar, é menos ampla do que a *erga omnes*" (DIDIER JR, Fredie. Cognição, Construção de Procedimentos e Coisa Julgada: Os Regimes de Formação da Coisa Julgada no Direito Processual Civil Brasileiro. Revista Diálogo jurídico. n. 10. Janeiro de 2002. Salvador. p. 9. Disponível em: <http://www.direitopublico.com.br/pdf_10/DIALOGO-JURIDICO-10-JANEIRO-2002-FREDIE-DIDIER-JR.pdf>. Acesso em: 07 out. 2011).
[97] GIDI, Antônio. *Coisa julgada e litispendência em ações coletivas*. São Paulo: Saraiva, 1995. p. 73.

e causa de pedir. Com a ressalva de que ações individuais, em defesa de direitos individuais, continuam podendo ser repropostas.

Segundo, nos casos em que a sentença for insuficiente por falta de prova, a sentença coletiva não será apta a fazer coisa julgada material.

Terceiro, nas hipóteses de procedência do pedido, a sentença coletiva fará coisa julgada *erga omnes* ou *ultra partes* a fim de tutelar o bem coletivo, atingindo toda a coletividade titular do direito superindividual, de modo a beneficiá-los.

Após expor as diversas situações possíveis de solução da lide nas ações coletivas, Antônio Gidi identifica que apenas na terceira hipótese de procedência do pedido coletivo que ocorre "a extensão subjetiva *erga omnes* ou *ultra partes* e *secundum eventum litis* da coisa julgada para beneficiar (*in utilibus*) a esfera jurídica dos consumidores interessados" [98].

Assim, a coisa julgada coletiva formada será uma coisa julgada *secundum eventum litis* no que tange à sua extensão, isto é, seu alcance será definido de acordo com o resultado do processo. De modo que se a sentença proferida for beneficiar a classe cuja relação de direito material atinge, a mesma alcançará terceiros que não foram partes do processo. Diversamente, se a decisão for prejudicial à classe ou à coletividade, a autoridade da sentença não abrangerá terceiros, haja vista que nesse caso sua extensão acarretaria ofensa ao princípio do contraditório, uma vez que terceiros que não tiveram a oportunidade de participar do processo para obter uma solução positiva a seus interesses, restariam prejudicados.

Ademais, importa salientarmos o aspecto vantajoso da extensão da coisa julgada a terceiros, qual seja, se assim não fosse multiplicar-se-íam desnecessariamente ações semelhantes, com o mesmo objetivo, inclusive idêntico pedido e causa de pedir, alterando tão somente as partes. O que provocaria, ainda mais, a sobrecarga do judiciário.

A consagrar a formação da coisa julgada *ultra partes* e *erga omnes* nos casos de processos que visam tutelar direitos difusos e coletivos, respectivamente, o legislador infraconstitucional previu expressamente nos artigos 103 e 104 do Código de Defesa do

---

[98] GIDI, Antônio. *Coisa julgada e litispendência em ações coletivas*. São Paulo: Saraiva, 1995. p. 73-74.

Consumidor a possibilidade de formação da coisa julgada *ultra partes* e *erga omnes*, delimitando ainda as particularidades de sua formação, bem como sua abrangência.

Por fim, cumpre advertir as considerações de Cintra, Ada Pellegrini e Dinamarco a respeito dos limites subjetivos da coisa julgada nas ações coletivas. Vejamos:

> "O dogma da limitação subjetiva da coisa julgada vem sendo repensado ou redimensionado, no moderno processo civil brasileiro, em relação às ações coletivas ajuizadas em defesa de direitos metaindividuais (ambiental, consumidor, etc.). Tivemos em primeiro lugar a coisa *erga omnes* da Lei da Ação Popular (lei 4.717, de 29 de junho de 1965, art. 18); depois, análoga disposição na Lei da Ação Civil Pública (lei 7.347, de 24 de julho de 1985) e, por último, no Código de Defesa do Consumidor (lei 8.078, de 11 de setembro de 199, art. 102, aplicável à ação civil pública – LACP, art. 21). Essas disposições, partindo do pressuposto de que os autores legitimados para as ações coletivas são *substitutos processuais* dos reais interessados (titulares dos direitos metaindividuais), vieram explicitar a inclusão destes entre os sujeitos atingidos pela *autorictas rei judicatae*. Por outro lado, reestruturam aqueles limites de acordo com o resultado do processo, ou seja, *secundum eventum litis* (CDC, art. 102). Assim, conforme o caso, a autoridade da coisa julgada poderá alcançar a todos, para beneficiá-los ou prejudicá-los – salvo em caso de improcedência por insulficiência de provas – ou ser utilizada apenas em favor dos membros de uma classe, sem possibilidade de prejudicar as pretensões individuais" [99].

3.7. A COISA JULGADA *REBUS SIC STANDIBUS*: AS RELAÇÕES JURÍDICAS CONTINUATIVAS

A princípio insta constar que relações jurídicas continuativas são aquelas, nos termos de Pontes de Miranda, "reguladas por regras jurídicas que projetam no tempo os próprios pressupostos, admitindo variações dos elementos qualitativos e quantitativos" [100].

Nessa perspectiva, o art. 471, inciso I, do CPC, preceitua que, "Nenhum juiz decidirá novamente as questões já decididas, relativas à mesma lide, salvo: I - se, tratando-se de

---

[99] CINTRA, Antônio Carlos de Araújo; GRINOVER, Ada Pellegrini; DINAMARCO, Cândido Rangel. *Teoria Geral do Processo*. *24ª edição. Editora Malheiros, 2008.* p. 333.
[100] MIRANDA, Pontes de. (*apud* SANTOS, Moacyr Amaral. *Primeiras Linhas de Direito Processual Civil*. 20ª ed. São Paulo: Saraiva, 2003, v. 3. p. 55).

relação jurídica continuativa, sobreveio modificação no estado de fato ou de direito; caso em que poderá a parte pedir a revisão do que foi estatuído na sentença".

Referido dispositivo estabelece a regra segundo a qual sobre as questões já decididas recai o manto da coisa julgada material, razão pela qual a mesma questão após o trânsito em julgado da decisão não poderá ser rediscutida.

Diante disso, por meio de uma interpretação literal do referido dispositivo, poder-se-ía chegar à conclusão de que a coisa julgada material não é formada nos casos em que a sentença disciplina relações jurídicas continuativas, sendo formada nesses casos tão somente a coisa julgada formal. Isso porque nos casos de relações jurídicas continuativas, há a possibilidade de revisão da sentença a qualquer tempo, desde que sobrevenha alguma modificação no estado de fato ou de direito.

Ocorre que, como adverte Fredie Didier, tal concepção é equivocada, uma vez que as sentenças que disciplinam relações jurídicas continuativas são aptas a produzir a coisa julgada material. Isso porque as mesmas atendem aos pressupostos do tempo em que foi proferida, sem pôr fim a relação jurídica discutida em juízo, que continua sujeita a variações dos seus elementos constitutivos.

Dessa forma, advindo modificações no estado de fato ou de direito, haverá a possibilidade de propor uma nova ação, com pedidos e causa de pedir diversos, trata-se, pois, da chamada ação de revisão, que não estará alterando a sentença anteriormente prolatada, sobre a qual recai a proteção da coisa julgada, tanto formal quanto material.

Nessa ordem de idéias Fredie Didier ensina que:

> "Tais sentenças, como todas as outras, são aptas produzir coisa julgada material. Explique-se. Modificando-se os fatos que dão ensejo à relação jurídica continuativa (e o próprio direito), e legitimam o pedido de uma tutela jurisdicional, tem-se a possibilidade de propositura de uma nova ação, com elementos distintos (nova causa de pedir/novo pedido), a chamada ação de revisão. A coisa julgada não pode impedir a rediscussão do tema por fatos supervenientes ao trânsito em julgado (...). Ao deparar-se com a ação de revisão, o juiz estará julgando uma demanda diferente, pautada em nova causa de pedir (composta por fatos/direitos novos) e em novo pedido. Com isso, gerará uma nova decisão e uma nova coisa

julgada, sobre essa nova situação, que não desrespeitará, em nada, a coisa julgada formada para a situação anterior" [101].

Nesta senda, verifica-se que a nova sentença proferida em ação de revisão não desconhece nem contraria a anterior, haja vista que a mesma é pautada numa nova situação jurídica, verificada justamente em razão da modificação no estado de fato ou de direito. Isso ocorre, porque a "sentença proferida em tais situações contém em si a cláusula *rebus sic standibus*, adaptando-se ao estado de fato e ao direito supervenientes" [102].

A corroborar esse entendimento, extraí-se da obra de Liebman excerto nesse sentido. Senão vejamos:

> "De certo modo todas as sentenças contêm implicitamente a cláusula *rebus sic standibus*, enquanto a coisa julgada não impede absolutamente que se tenha em conta os fatos que intervierem sucessivamente à emanação da sentença: por exemplo, se o devedor paga a soma devida, perde a condenação todo o valor. Outra coisa não acontece para os casos ora considerados, nos quais tratando-se de uma relação que se prolonga no tempo, e dizendo a decisão ser determinada pelas circunstâncias concretas do caso, a mudança desta justifica, sem mais, uma correspondente adaptação da determinação feita precedentemente, o que será uma aplicação, e nunca uma derrogação dos princípios gerais e nenhum obstáculo encontrará na eficácia da coisa julgada. Esta, pelo contrário, fará sentir toda a sua força, neste, como em todos os outros casos, no excluir totalmente uma apreciação diversa do caso, enquanto permaneça inalterado. O que há de diverso nestes casos não é a rigidez menor da coisa julgada, mas a natureza da relação jurídica, que continua a viver no tempo com seu conteúdo ou medida determinados por elementos essencialmente variáveis, de maneira que os fatos que sobrevenham podem influir nela, não só no sentido de estingui-la, fazendo por isso extinguir o valor da sentença, mas também no sentido de exigir mudança na determinação dela, feita anteriormente" [103].

Em razão de todo o exposto, observa-se que a sentença proferida em ação de alimentos, típica decisão sobre relação continuativa, como não poderia deixar de ser, produz tanto coisa julgada formal quanto material, não incidindo sobre a coisa julgada a cláusula *rebus sic stantibus*, mas somente sobre a decisão proferida. De forma que enquanto for mantido

---

[101] DIDIER JR., Fredie; BRAGA, Paula Sarno; OLIVEIRA, Rafael. *Curso de Direito Processual Civil*. Vol. II. Jus Podivm, 2007. p. 500.

[102] *Ibid.* p. 501.

[103] LIEBMAN, Enrico Tullio. *Eficácia e Autoridade da Sentença e outros Escritos sobre a Coisa Julgada*. 4. ed. Rio de Janeiro: Forense, 2007. p. 27-28.

o substrato fático da relação jurídica, a decisão proferida persistirá, razão pela qual a coisa julgada deverá subsistir e ser respeitada. Sobrevindo alguma modificação de fato ou de direito, reforça-se, será resolvida a nova situação jurídica por meio de uma outra decisão que produzirá efeitos a partir da data de sua prolação.

4. CONTROLE DE CONSTITUCIONALIDADE

Em breves linhas, podemos afirmar que controlar a constitucionalidade de uma lei ou ato normativo significa verificar se a mesma é compatível com a Constituição vigente, observando-se se estão sendo cumpridos seus requisitos formais e materiais[104], isto é, se foram observadas as normas constitucionais de processo legislativo, bem como se há compatibilidade entre o objeto da lei ou ato normativo e a Constituição, respectivamente. De modo que constatada a inconstitucionalidade da lei ou ato normativo, em seu aspecto formal ou material, poderá a norma ser excluída do ordenamento jurídico brasileiro por meio do controle de constitucionalidade repressivo a ser realizado pelo judiciário, tanto em sede de controle difuso quanto concentrado de constitucionalidade.

Conforme assente na doutrina[105], a realização do controle de constitucionalidade pressupõe a existência de uma Constituição rígida[106] (supremacia formal da Constituição) e a atribuição de competência a um órgão especial para resolver os problemas atinentes à constitucionalidade.

Ademais, a idéia de controle de constitucionalidade pressupõe a existência de um escalonamento normativo, no qual a Constituição deverá ocupar o grau máximo na aludida hierarquica, constituindo a norma de validade sobre a qual todas as outras normas do ordenamento jurídico deverão buscar seu fundamento de validade.

Nessa perspectiva, observa-se que a idéia de controle de constitucionalidade advém do fato de a Constituição apresentar-se como a base indispensável das demais normas jurídicas, isto é, constituir o fundamento de validade de todas as normas do nosso ordenamento jurídico. Diante disso, verifica-se que um dos princípios basilares que fundamentam a necessidade de controle de constitucionalidade é, justamente, o princípio da supremacia da Constituição, segundo o qual a Carta Magna é soberana dentro do ordenamento jurídico, razão pela qual as normas e atos normativos para serem válidos e permanecerem no ordenamento jurídico deverão se adequar aos ditames constitucionais, tanto em seu aspecto formal quanto material.

---

[104] MORAES, Alexandre de. *Direito Constitucional*. 23. ed. São Paulo: Atlas. 2008. p. 701.

[105] Por todos cite-se: LENZA, Pedro. *Direito Constitucional Esquematizado*. 14. ed. São Paulo: Saraiva, 2010. p. 195.

[106] Constituição rígida é aquela que possui um processo de alteração mais dificultoso, mais solene do que o processo de alteração das normas não constitucionais. Nesse sentido, vale a lição de Paulo Gustavo Gonet Branco, a qual transcrevo, "Rígidas são as constituições que somente são alteráveis por meio de procedimentos especiais, mais complexos e difíceis que aqueles próprios da atividade comum do Poder Legislativo" (MENDES, Gilmar Ferreira Mendes; COELHO, Inocêncio Mártires; BRANCO, Paulo Gustavo Gonet. *Curso de Direito Constitucional*. 2. ed. São Paulo: Saraiva, 2008. p. 213).

À demontrar a amplitude da soberania constitucional, insta ressaltar que submetem-se aos ditames constitucionais os atos administrativos, legislativos, jurisdicionais, bem como os atos praticados por particulares.

Apesar de referido princípio, como destaca Uadi Lammêgo Bulos, não está expressamente consagrado em nossa Constituição, o mesmo é facilmente identificado pelo intérprete e aplicador do direito por meio da realização de uma interpretação sistemática de nossa Carta Magna, que em diversos pontos sobreleva a supremacia de suas normas.

A fim de evidenciar que o princípio da supremacia da Constituição encontra-se implícito em seus próprios termos, Uadi Lammêgo Bulos esclaresse que:

> "O pórtico da supremacia encontra-se implícito na ordem constitucional brasileira. Exige raciocínio indutivo para percebê-lo. Não está escrito em nenhum lugar. Mas isso pouco importa, afinal ele transcende os escaninhos da linguagem prescritiva do Texto de 1988, impregnando todo o articulado constitucional. Extrai-se do contexto da Constituição, da lógica geral das normas que a compõem (v.g., arts. 23, I, 25, 29, 32, 60, 78, 85, 102, 103, 121, §§ 3º e 4º, 125 etc.). Por isso, 'tem o condão de desqualificar, no plano jurídico, o ato em situação de conflito hierárquico com o texto da Constituição – estimula reflexões teóricas em torno da natureza do ato inconstitucional, daí decorre a possibilidade de reconhecimento, ou da inexistência, ou da nulidade, ou da anulabilidade (com eficácia *ex nunc* ou *ex tunc*", ou, ainda, da ineficácia do comportamento estatal incompatível com a Constituição'"[107].

Pois bem. Para a realização do controle de constitucionalidade mostra-se indispensável a observância de dois elementos essenciais, um de índole conceitual e outro de ordem temporal, conforme, inclusive, já sedimentado pelo Supremo Tribunal Federal [108].

Por elemento conceitual entende-se a necessidade de determinar um conceito de Constituição, bem como das premissas políticas, jurídicas e ideológicas que lhe dão fundamento. Ao passo que o elemento temporal, demonstra a necessidade de que a norma ou ato normativo contra o qual se questiona a constitucionalidade seja vigente, isto

---

[107] BULOS, Uadi Lammêgo. *Curso de Direito Constitucional*. 2. ed. São Paulo: Saraiva. 2008. p. 54.
[108] ADI 595 MC, Relator (a): Min. CARLOS VELLOSO, Tribunal Pleno, julgado em 30/10/1991, DJ 13-12-1991 PP-18353 EMENT VOL-01646-01 PP-00064 RTJ VOL-00138-01 PP-00084.

é, a norma questionada e a Constituição devem ter concomitante existência na atualidade, sob pena de tornar-se impossível a realização do controle de constitucionalidade.

Com base no primeiro elemento, que é definida a noção de um parâmetro constitucional, contra o qual as normas apontadas como inconstitucionais deverão ser comparadas, a fim de identificar se estas estão, realmente, eivadas de vícios bastantes para tornar-lhes inconstitucional e, por conseguinte, serem retiradas do ordenamento jurídico brasileiro.

Nessa perspectiva, a depender do que se entenda por Constituição o parâmetro para a análise da constitucionalidade será mais ou menos abrangente.

Para aqueles que adotam uma concepção mais restritiva, o parâmetro constitucional englobaria apenas as normas e princípios expressos da Constituição escrita e positivada. Diversamente, para aqueles que defendem uma posição mais ampliativa, o parâmetro constitucional corresponde à ordem constitucional global, de modo que a análise de constitucionalidade deve pautar-se não somente nas normas e leis expressamente constantes na Constituição, valendo-se também de princípios não escritos que sejam integrantes da ordem constitucional global.

Diante disso observa-se que o controle de constitucionalidade deve ser realizado tendo por base o chamado bloco de constitucionalidade, ou seja, "o que deverá servir de parâmetro para que se possa realizar a confrontação e aferir a constitucionalidade" [109]. Cabendo ressaltar que a noção de bloco de constitucionalidade abrange tanto os preceitos constitucionais expressos quanto aqueles implícitos.

Nesta senda, adverte-se que serão utilizadas como parâmetro para esse controle, as normas constitucionais, isto é, aquelas integrantes da parte permanente da Constituição que somente podem ser retiradas do nosso ordenamento jurídico por meio de emenda; aquelas integrantes do Ato das Disposições Constitucionais Transitórias, desde que ainda estejam eficazes; os tratados internacionais de direitos humanos aprovados em cada Casa do Congresso Nacional, em dois turnos, por três quintos dos votos dos respectivos membros, que serão equivalentes às Emendas Constitucionais – nos termos do art. 5º,

---

[109] LENZA, Pedro. *Direito Constitucional Esquematizado*. 14. ed. São Paulo: Saraiva, 2010. p. 254.

§3º da CF; bem como é possível a utilização dos princípios constitucionais implícitos, para aqueles adeptos da teoria ampliativa do parâmetro de constitucionalidade.

4.1. BREVE HISTÓRICO DO CONTROLE DE CONSTITUCIONALIDADE NAS CONSTITUIÇÕES BRASILEIRAS

A Contituição Imperial de 1824, marcada pela consagração do Poder Moderador, não estabeleceu qualquer sistema de controle de constitucionalidade, consagrando o dogma da soberania do parlamento.

Foi a partir da Constituição Republicana de 1891, sob a influência do direito americano que foi consagrado no direito brasileiro a técnica do controle de constitucionalidade de lei ou ato normativo a ser realizada por qualquer juiz ou tribunal, observadas as regras de competência e organização judiciária. Constata-se que inicialmente o controle de constitucionalidade realizado no Brasil – a partir de 1891 – era apenas o controle difuso e incidental, realizado prejudicialmente ao mérito.

A Constituição de 1934 manteve o sistema de controle difuso apresentando as seguintes inovações: estabeleceu a ação direta de inconstitucionalidade interventiva; previu a necessidade de reserva do plenário para a declaração de inconstitucionalidade; bem como atribuiu ao Senado Federal a competência para suspender a execução, no todo ou em parte, de lei ou ato declarado inconstitucional por decisão definitiva.

A Constituição de 1937, por sua vez, apesar de manter o sistema difuso de constitucionalidade, previu a possibilidade de o Presidente da República influenciar nas decisões do poder judiciário que declaressem a inconstitucionalidade determinada lei. Isso porque, o chefe do poder executivo nacional poderia submeter a lei declarada inconstitucional à reexame a ser realizado pelo poder legislativo. De modo que este pela decisão de 2/3 de seus membros – de ambas as Casas – poderia confirmar a validade da lei e, por conseguinte, tornar a decisão do poder judiciário sem qualquer efeito. Em razão disso, houve o fortalecimento do poder executivo.

Por meio da Constituição de 1946 foi restabelecido o equilíbrio entre os poderes, sendo mantido o sistema difuso de controle de constitucionalidade.

Através da Emenda Constitucional de 1965 foi criada uma nova modalidade de Ação Direta de Inconstitucionalidade no Brasil, de competência originária do Supremo Tribunal Federal, para processar e julgar a representação de inconstitucionalidade de lei ou ato normativo federal ou estadual, a ser proposta, ainda, exclusivamente pelo Procurador-Geral da República. Trata-se do controle de constitucionalidade concentrado tanto federal quanto estadual, que à época tinha como legitimado somente o Procurador-Geral da República.

A Constituição de 1967 retirou a possibilidade de propositura da Ação Direta de Inconstitucionalidade. Posteriormente, a Emenda Constitucional 1/69 previu a existência de controle de constitucionalidade de lei municipal em face da Constituição Estadual, para fins de intervenção municipal.

Trazendo importantes inovações, a Constituição de 1988, ampliou o rol de legitimados para propor a representação de inconstitucionalidade; estabeleceu a possibilidade de controle de constitucionalidade das omissões legislativas tanto de forma concentrada, por meio da Ação Direta de Inconstitucionalidade por Omissão, quanto de forma incidental, por meio do controle difuso, através do Mandado de Injunção; bem como facultou a criação da Arguição de Descumprimento de Preceito Fundamental.

A Emenda Constitucional 3/93 previu a possibilidade de ingressar com Ação Declaratória de Constitucionalidade.

Por fim, a Emenda Constitucional 45/04, conhecida como Reforma do Judiciário, ampliou a legitimação para propositura de Ação Declaratória de Constitucionalidade abrangendo os mesmos legitimados para propor Ação Direta de Inconstitucionalidade, bem como estendeu a esta o efeito vinculante, anteriormente somente previsto para aquela.

4.2.   INCONSTITUCIONALIDADE FORMAL E MATERIAL

A inconstitucionalidade da lei ou ato normativo pode ocorrer em virtude de diversos fatores, em razão disso constata-se a existência de diversos tipos de inconstitucionalidades.

Distingue-se entre inconstitucionalidade formal e material, com fulcro na origem do defeito que atinge o ato que tem sua constitucionalidade questionada.

Os vícios formais são aqueles que atingem sua "forma", isto é, relacionados ao processo de formação da lei ou ato normativo, sem alcançar seu conteúdo.

Delimitando o que se entende por vícios formais, Gilmar Mendes expõe que:

> "Os vícios formais traduzem defeito de formação do ato normativo, pela inobservância de princípio de ordem técnica ou procedimental ou pela violação de regras de competência" [110].

A inconstitucionalidade formal pode ser distinguida, ainda, em três modalidades[111]: inconstitucionalidade formal orgânica, inconstitucionalidade formal propriamente dita e inconstitucionalidade formal por violação a pressupostos objetivos do ato.

A primeira decorre da inobservância da competência legislativa para a elaboração do ato. A segunda ocorre em razão da inobservância do devido processo legislativo e pode ocorrer tanto na fase de iniciativa (vício formal subjetivo), quanto nas fases posteriores (vício formal objetivo). Já a terceira, como enuncia sua própria denominação, é observada quando há violação dos pressupostos objetivos do ato, o que se dá, por exemplo, quando uma Medida Provisória é editada sem que sejam observados os requisitos de relevância e urgência.

Diversamente, os vícios materiais são aqueles que atingem o conteúdo ou aspecto substantivo do ato, originando-se de um conflito com regras ou princípios constitucionais.

Ressalva, porém, a doutrina que a inconstitucionalidade material envolve "não só o contraste direto do ato legislativo com o parâmetro constitucional, mas também a aferição do desvio de poder ou do excesso do poder legislativo" [112].

---

[110] MENDES, Gilmar Ferreira; COELHO, Inocêncio Mártires; BRANCO, Paulo Gustavo Gonet. *Curso de Direito Constitucional*. 2. ed. São Paulo: Saraiva, 2008. p. 1011.

[111] LENZA, Pedro. *Direito Constitucional Esquematizado*. 14. ed. São Paulo: Saraiva, 2010. p. 207-209 *passim*.

[112] MENDES, Gilmar Ferreira; COELHO, Inocêncio Mártires; BRANCO, Paulo Gustavo Gonet. *Curso de Direito Constitucional*. 2. ed. São Paulo: Saraiva, 2008. p. 1013.

A fim de ser verificada a inconstitucionalidade material decorrente do desvio de poder ou excesso de poder legislativo deverá ser realizada, respectivamente, uma análise da compatibilidade da lei com os fins constitucionalmente previstos e da observância ao princípio da proporcionalidade, isto é, proceder à censura sobre a adequação e a necessidade do ato legislativo.

4.3.   INCONSTITUCIONALIDADE POR AÇÃO E OMISSÃO

A inconstitucionalidade por ação, também denominada de positiva ou por atuação, resulta da incompatibilidade de um ato normativo com as normas e princípios consagrados na Constituição, neste sentido Pedro Lenza[113] identifica que a inconstitucionalidade por ação pode ocorrer tanto do ponto de vista formal quanto material, razão pela qual a mesma abarca as modalidades acima citadas de inconstitucionalidade.

A fim de extirpar do ordenamento jurídico as leis ou atos normativos ofensivos à Constituição, com o intuito de assegurar a Supremacia da Constituição, o constituinte previu a possibilidade de ser realizado o controle de constitucionalidade, tanto de forma difusa, isto é, realizado por qualquer juiz ou tribunal diante de um caso concreto em que seja alegada a inconstitucionalidade de uma lei ou ato normativo como questão prejudicial ao mérito; quanto por meio do controle concentrado de constitucionalidade, a ser analisado e julgado pelo Supremo Tribunal Federal, no qual a questão principal a ser discutida será, propriamente, a constitucionalidade da lei ou ato normativo.

Já a inconstitucionalidade por omissão resulta da inobservância do poder legislativo, por um prazo razoável, de um dever constitucionalmente previsto de legislar, que decorre tanto de comandos expressos da Constituição quanto de outros implícitos que requerem uma interpretação sistemática do texto constitucional.

A omissão legislativa apta a configurar hipótese de inconstitucionalidade poderá ser tanto absoluta ou total, o que ocorre quando o legislador não empreende a providência

---

[113] No mesmo sentido: SILVA, José Afonso da. *Curso de Direito Constitucional Positivo*. 24. ed. São Paulo: Malheiros Editores. 2005. p. 47.

legislativa reclamada; quanto parcial, o que será verificado quando um ato normativo atende apenas parcialmente ou de modo insuficiente a vontade constitucional.

Observa-se que tais omissões legislativas são verificadas quando estamos diante das normas de eficácia limitada[114], isto é, aquelas que não têm o condão de produzir todos os seus efeitos de forma imediata, dependendo de uma lei integrativa infraconstitucional para tanto.

Dessa forma, enquanto não editada a lei com conteúdo complementar da norma, a mesma não estará apta a produzir seus efeitos de forma integral[115]. Diante disso, após o transcurso de um lapso temporal significativo – com base nos princípios da razoabilidade e proporcionalidade – sem que tenha sido editada a lei com conteúdo suficiente para completar a norma constitucional e propiciar a produção de seus efeitos de forma plena, estaremos diante de uma omissão legislativa, que configura hipótese de inconstitucionalidade por omissão.

A fim de afastar os casos de inconstitucionalidade por omissão do legislador, o constituinte de 1988 previu duas formas de realizar o controle de constitucionalidade da omissão, por meio do o Mandado de Injunção (controle difuso) e através da Ação Direta de Inconstitucionalidade por Omissão (controle concentrado).

4.4. INCONSTITUCIONALIDADE ORIGINÁRIA E SUPERVENIENTE (OU REVOGAÇÃO)

Se a norma legal sobre a qual será realizado o controle de constitucionalidade for posterior a Constituição, a doutrina e jurisprudência são assentes de que se referida norma contiver vícios formais ou materiais a mesma será inconstitucional. E tal inconstitucionalidade será originária, haja vista que ao ingressar no ordenamento jurídico a mesma já contrariava a Constituição vigente (parâmetro constitucional), que constitui,

---

[114] Classificação de José Afonso da Silva que distingue entre normas constitucionais de eficácia plena, contida e limitada apresentada em obra específica sobre o tema (*Aplicabilidade das normas constitucionais*. 7. ed. São Paulo: Malheiros Editores. 2009).

[115] José Afonso da Silva observa que as normas constitucionais de eficácia limitada produzem um mínimo efeito, ou, ao menos, o efeito de vincular o legislador infraconstitucional aos seus vetores. (*apud* LENZA, Pedro. *Direito Constitucional Esquematizado*. 14. ed. São Paulo: Saraiva, 2010. p. 180).

como já ressaltado, o fundamento do qual as outras normas do ordenamento jurídico brasileiro retiram sua validade.

A inconstitucionalidade superveniente, por sua vez, ocorre quando o objeto é originariamente constitucional – a lei ou ato normativo é editado em conformidade com a Constituição vigente à época – e, num momento posterior se torna incompatível com a Constituição, em razão de mudanças ocorridas nas relações fáticas, na interpretação constitucional ou, segundo alguns doutrinadores, em razão do advento de nova Constituição.

Nada obstante, observa-se que, diante da análise da constitucionalidade de lei ou ato normativo anterior à Constituição utilizada como parâmetro (norma pré-constitucional), a doutrina diverge. Havendo doutrinadores que defendem tratar-se de hipótese de inconstitucionalidade superveniente, ao passo que outros apontam haver na hipótese mera revogação (*lex posterior derogat priori*).

Insta registrar que no Brasil prevalece a concepção segundo a qual as normas pré-constitucionais não são recepcionadas pelo ordenamento jurídico brasileiro.

A questão apresentada tem importante repercussão prática, pois a depender da concepção adotada – se inconstitucionalidade superveniente ou revogação – altera-se a competência dos órgãos jurisdicionais aptos a resolver referida controvérsia. Isto é, para aqueles que entendem que há no caso mera revogação, o conflito entre a norma pré-constitucional e a Constituição vigente resolve-se no plano do direito intertemporal, de modo que a lei posterior derroga as leis anteriores com ela incompatíveis, questão essa que poderá ser analisada por qualquer juiz ou tribunal no exercício de suas atribuições. Todavia, para aqueles que entendem que a norma pré-constitucional deve ser afastada em razão da inconstitucionalidade superveniente, a atribuição para esta análise será somente dos órgãos jurisdicionais especiais, competentes para dirimir controvérsias dessa índole, competência essa que no Brasil é exclusiva do Supremo Tribunal Federal.

Tratando das duas possíveis concepções a serem adotadas sobre o assunto, Gilmar Mendes faz as seguintes considerações:

"A distinção entre inconstitucionalidade originária e superveniente depende, fundamentalmente, do próprio sistema adotado, podendo entender-se que a superveniência da norma constitucional importa na derrogação do direito anterior com ela incompatível. E, nesse caso, a questão deixa de ser matéria de controle de constitucionalidade e passa a ser considerada com todas as suas implicações no âmbito de direito intertemporal. Alguns doutrinadores consideram que a situação de incompatibilidade entre uma norma legal e um preceito constitucional superveniente traduz uma valoração negativa da ordem jurídica, devendo, por isso, ser caracterizada como inconstitucionalidade, e não simples revogação" [116].

Ressalta-se que a análise da inconstitucionalidade da lei ou ato normativo quanto ao seu momento é importante, pois somente caberá Ação Direta de Inconstitucionalidade e Ação Declaratória de Constitucionalidade quando estivermos diante de uma inconstitucionalidade originária. De forma que as hipóteses de inconstitucionalidade superveniente somente poderão ser analisadas, no controle concentrado de constitucionalidade, por meio da Arguição de Descumprimento de Preceito Fundamental.

Apresentados os tipos de inconstitucionalidade, passemos a análise dos mecanismos legalmente previstos para desfazer ou retirar essas normas, eivadas de vícios, do nosso ordenamento jurídico.

4.5. CONTROLE DE CONSTITUCIONALIDADE DIFUSO, INCIDENTAL E CONCRETO

4.5.1. Aspectos introdutórios

O controle difuso de constitucionalidade, repressivo ou posterior, é também denominado de controle aberto, realizado pela via de exceção ou defesa.

Trata-se de controle difuso ante a possibilidade de ser realizado por qualquer juiz ou tribunal no exercício de suas atribuições. É incidental visto que a análise da constitucionalidade da lei ou ato normativo ocorre antes do exame do mérito da demanda,

---

[116] MENDES, Gilmar Ferreira; COELHO, Inocêncio Mártires; BRANCO, Paulo Gustavo Gonet. *Curso de Direito Constitucional*. 2. ed. São Paulo: Saraiva, 2008. p. 1016.

isto é, a análise da constitucionalidade consiste em uma questão prejudicial[117], que repercutirá na decisão sobre a questão principal. Sendo, ainda, concreto, haja vista que o exame da constitucionalidade da lei surge a partir de um caso concreto, cuja principal finalidade consiste na proteção de direitos subjetivos.

Ressalta-se que no controle difuso de constitucionalidade a inconstitucionalidade da lei ou ato normativo é apresentada pela parte na causa de pedir da demanda, sendo, por conseguinte, analisada na fundamentação da decisão. Não recaindo sobre a mesma a autoridade da coisa julgada, visto que esta, em regra, acoberta com o manto de imutabilidade somente o mérito da demanda, loclizado no dispositivo da sentença.

No controle difuso, a inconstitucionalidade da lei ou ato normativo poderá ser arguida em qualquer ação, independente da análise de sua natureza, desde que a mesma seja resolvida *incidenter tantum* e previamente (prejudicial) ao exame do mérito.

No que tange a legitimidade, visualiza-se que a questão da inconstitucionalidade da norma poderá ser alegada por quaisquer das partes integrantes do processo, pelo Ministério Público, independente deste estar atuando como fiscal da lei ou parte, bem como poderá ser reconhecida de ofício pelo juiz ou tribunal diante do qual se apresenta, quando for relevante para o julgamento da causa.

Ressalta-se que perante os tribunais, havendo o questionamento incidental sobre a constitucionalidade da lei, deverá ser suscitada uma questão de ordem, a ser remetida para o pleno do tribunal ou órgão especial, a fim de que este a resolva. Sendo que no caso de ser declarada a inconstitucionalidade da lei, esta somente poderá ser pronunciada pelo voto da maioria absoluta de seus membros – do pleno ou do órgão especial – em conformidade com a cláusula de reserva de plenário[118] prevista no art. 97 da CF/88.

---

[117] "Considera-se questão prejudicial aquela de cuja solução dependerá não a possibilidade nem a forma do pronunciamento sobre a outra questão, mas o teor mesmo desse pronunciamento" (DIDIER Jr., Fredie. *Curso de Direito Processual Civil*. Vol. I. Salvador: Jus Podivm, 2011. p. 318).

[118] Salienta-se que o parágrafo único do art. 481 do Código de Processo Civil ressalva duas hipóteses em que a cláusula de reserva de plenário não precisa ser observada: quando o próprio tribunal – pleno ou órgão especial – já tiver se manifestado a respeito da questão ou quando a decisão já tiver sido analisada pelo plenário do Supremo Tribunal Federal.

No que pertine à competência para o exercício do controle de constitucionalidade incidental, reforça-se que este poderá ser exercido por qualquer órgão jurisdicional no curso de processo de sua competência, isto é, esse exame caberá ao juiz ou tribunal que estiver atuando no processo no momento de sua alegação.

4.5.2. Efeitos da decisão que declarar a inconstitucionalidade

Insta ressaltar, a princípio, como já afirmado, que em virtude de a declaração de inconstitucionalidade por via incidental não constituir o mérito ou objeto principal da ação, sendo, na verdade, alegada como causa de pedir; a análise e declaração da inconstitucionalidade ocorrem na fundamentação da sentença e, justamente por não integrar o dispositivo, não recai sobre referida declaração a autoridade da coisa julgada.

Ressalta-se que, em razão de, no controle difuso, incidental e concreto, o exame da constitucionalidade da lei ou ato normativo ser realizado apenas para a solução do caso concreto, que alguns doutrinadores criticam o uso do termo "declaração", sustentando que, na realidade, não há que se falar em "declaração de inconstitucionalidade", haja vista que o julgador simplesmente "deixa de aplicar a norma ao caso", produzindo a decisão efeitos somente entre as partes[119].

Nada obstante à crítica apresentada, a doutrina pátria majoriária utiliza a expressão "declaração de inconstitucionalidade" tanto no controle de constitucionalidade concentrado quanto no difuso, razão pela qual manteremos a utilização dessa expressão no presente trabalho.

Prosseguindo, destaca-se que a decisão que declara a inconstitucionalidade da lei ou ato normativo *incidenter tantum* produz, em regra, efeitos *inter partes* e *ex tunc*, isto é, alcançará somente as partes envolvidas no litígio, não atingindo terceiros, bem como tais efeitos serão retroativos ou pretéritos, atingindo a lei desde sua edição, tornando-a, por conseguinte, nula de pleno direito.

---

[119] Posição esta defendida pelo Professor Ricardo Gueiros na aula de Direito Constitucional II, ministrada em 23 de abril de 2009, com base nas lições de Vicente Greco Filho.

Embora tais efeitos sejam em regra *inter partes* e *ex tunc*, há exceções. Nesse sentido, já há inclusive decisões[120] do Supremo Tribunal Federal no sentido da possibilidade de serem conferidos efeitos *ex nunc* ou *pro futuro* (modulação de efeitos) na declaração de inconstitucionalidade no controle difuso.

Ademais, em relação ao alcance subjetivo da declaração de inconstitucionalidade da lei em controle difuso, observa-se a possibilidade de estender seus efeitos para alcançar não somente as partes envolvidas, mas todas as pessoas que estiverem em situação análoga, o que poderá ocorrer por meio da aplicação do art. 52, X, da CF, nos casos em que a declaração de inconstitucionalidade seja proferida em controle incidental pelo Tribunal Federal.

O dispositivo supracitado prevê a competência privativa do Senado Federal para suspender a execução, no todo ou em parte, de lei declarada inconstitucional por decisão definitiva do Supremo Tribunal Federal.

Dessa forma, diante da declaração de inconstitucionalidade da lei no controle difuso realizado de forma definitiva e pela maioria absoluta do pleno do Supremo Tribunal Federal, o Senado Federal poderá[121] editar resolução suspendendo a execução, "no todo ou em parte"[122], da lei ou ato normativo declarado inconstitucional. Sendo que, uma vez editada referida resolução, a declaração de inconstitucionalidade produzirá efeitos *erga omnes*, isto é, sobre toda a sociedade.

No que tange ao momento a partir do qual essa declaração produzirá efeitos, a doutrina diverge se tais efeitos seriam *ex nunc* ou *ex tunc*. Entende-se no presente trabalho que tais efeitos são retroativos. Mas, ante a importância dessa discussão para a análise da

---

[120] RE 197917, Relator(a): Min. MAURÍCIO CORRÊA, Tribunal Pleno, julgado em 06/06/2002, DJ 07-05-2004 PP-00008 EMENT VOL-02150-03 PP-00368.

[121] Apesar de haver divergência doutrinária, prevalece o entendimento segundo o qual o Senado Federal não está obrigado a suspender a execução de lei declarada inconstitucional por decisão definitiva do Supremo Tribunal Federal, atuando o mesmo de forma livre, com discricionariedade política. Nesse sentido: LENZA, Pedro. *Direito Constitucional Esquematizado*. 14. ed. São Paulo: Saraiva, 2010. p. 231.

[122] "A expressão 'no todo ou em parte' deve ser interpretada como sendo impossível o Senado Federal ampliar, interpretar ou restringir a extensão da decisão do STF. Assim, se toda a lei foi declarada inconstitucional pelo STF, em controle difuso, de modo incidental, se entender o Senado Federal pela conveniência da suspensão da lei deverá fazê-lo 'no todo', vale dizer, em relação a toda lei que já havia sido declarada inconstitucional, não podendo suspender menos do que havia sido decidido pela Excelsa Corte (LENZA, Pedro. *op. cit.* p. 230).

coisa julgada inconstitucional, a matéria será detidamente analisada no item 5.4. do presente trabalho.

4.6. CONTROLE DE CONSTITUCIONALIDADE CONCENTRADO, PRINCIPAL E ABSTRATO

O presente controle de constitucionalidade é concentrado porque a análise de constitucionalidade nesses casos concentra-se em um único tribunal – quando o parâmetro constitucional for a Constituição Federal, referido controle será realizado pelo Supremo Tribunal Federal; principal em virtude de o exame da constitucionalidade da norma ser a questão principal, o mérito da demanda; e, abstrato, uma vez que a análise da constitucionalidade é realizada em tese, não estando o aplicador do direito diante de um caso concreto, busca-se por meio das ações ajuizadas em sede deste controle assegurar a supremacia da Constituição.

O controle concentrado de constitucionalidade é realizado por meio da apreciação pelo Supremo Tribunal Federal das seguintes ações: Ação Direta de Inconstitucionalidade Genérica; Ação Declaratória de Constitucionalidade; Ação Direta de Inconstitucionalidade por Omissão; Ação Direta de Inconstitucionalidade Interventiva; e, Arguição de Descumprimento de Preceito Fundamental.

4.6.1. Ação Direta de Inconstitucionalidade genérica

4.6.1.1. Objeto

A ação direta de inconstitucionalidade genérica, típico instrumento do controle concentrado, tem por objeto a declaração de inconstitucionalidade da lei ou ato normativo federal, estadual ou distrital que se mostre incompatível com as normas constitucionais, os princípios nela explicitados ou mesmo implícitos. O ajuizamento da ação direta de inconstitucionalidade não se sujeita a qualquer prazo prescricional ou decadencial, uma vez que os atos incompatíveis com a Constituição não se convalidam pelo decurso do tempo.

Por "leis" deve-se entender todas as espécies normativas listadas no art. 59 da CF/88, de modo que admite-se a realização do controle concentrado de constitucionalidade por meio de ação direta de inconstitucionalidade diante de emendas à Constituição, leis complementares, leis ordinárias, leis delegadas, medidas provisórias, decretos legislativos e resoluções[123]. Já os atos normativos, podem ser resoluções administrativas dos tribunais e atos estatais de conteúdo meramente derrogatório, como as resoluções administrativas, desde que incidam sobre atos de caráter normativo[124].

As normas constitucionais originárias, por sua vez, não poderão ser objeto de controle de constitucionalidade concentrado por meio da ação direta de inconstitucionalidade. Decorrentes do poder constituinte originário, as mesmas serão sempre contitucionais, não sendo, por isso, admissível o controle de sua contitucionalidade – o Brasil não adota a teoria alemã das normas constitucionais inconstitucionais.

Por oportuno, ressalta-se que para serem objeto da ação direta de inconstitucionalidade, tais atos normativos e leis devem ser posteriores à Constituição (inconstitucionalidade originária) e, ainda, estar em vigor no momento da realização do controle. Isso porque, conforme já afirmado quando do exame da inconstitucionalidade superveniente, prevalece na doutrina e jurisprudência nacional que diante das normas pré-constitucionais incompatíveis com a nova Constituição vigente ocorre o fenômeno da não-recepção.

Explicitando o posicionamento do Supremo Tribunal Federal sobre o assunto, Alexandre de Moraes aduz que:

> "O Supremo Tribunal Federal não admite ação direta de inconstitucionalidade de lei ou ato normativo já revogado ou cuja eficácia já tenha se exaurido (por exemplo: medida provisória não convertida em lei) entendendo, ainda, a prejudicialidade da ação, por perda do objeto, na hipótese de a lei ou ato normativo impugnados virem a ser revogados antes do julgamento final da mesma, pois conforme entende o Pretório Excelso, a declaração em tese de ato administrativo que não mais existe transformaria a ação direta em instrumento processual de proteção de situações jurídicas pessoal e concreta" [125].

---

[123] Conforme destacam alguns autores, nem toda resolução ou decreto legislativo pode ser objeto de controle concentrado.

[124] MORAES, Alexandre de. *Direito Constitucional*. 23. ed. São Paulo: Atlas. 2008. p. 732-733.

[125] MORAES, Alexandre de. *Direito Constitucional*. 23. ed. São Paulo: Atlas. 2008. p. 731.

4.6.1.2. Legitimação

Os legitimados para propor ação direta de inconstitucionalidade estão listados nos incisos do art. 103 da Constituição Federal. São eles: o Presidente da República; a Mesa do Senado Federal; a Mesa da Câmara dos Deputados; a mesa da Assembléia Legislativa ou da Câmara Legislativa do Distrito Federal; o Governador do Estado ou do Distrito Federal; o Procurador-Geral da República; o Conselheiro Federal da Ordem dos Advogados do Brasil; partido político com representação no Congresso Nacional; confederação sindical ou entidade de classe de âmbito nacional.

Registre-se que, o Supremo Tribunal Federal exige de alguns legitimados ativos a demonstração da existência de pertinência temática, isto é, a comprovação de que o objeto impugnado tem relação (pertinência) com seus interesses específicos ou da categoria que representa. Tais legitimados são chamados de especiais (os enumerados nos incisos IV, V e IX do art. 103, da CF). Os demais legitimados, denominados de universais, são dispensados de apresentar a relação de pertinência temática, haja vista que, há presunção absoluta da mesma em seu favor.

4.6.1.3. Competência

A competência para processar e julgar as ações diretas de inconstitucionalidade é definida em consonância com a natureza do objeto da ação, isto é, lei ou ato normativo federal, estadual, municipal ou distrital.

Quando o objeto da ação direta de inconstitucionalidade for lei ou ato normativo federal, estadual ou distrital de caráter estadual e o parâmetro for a Constituição Federal, o Supremo Tribunal Federal será o órgão competente para seu processamento e julgamento, em conformidade com o que dispõe o art. 102, I, "a", da Constituição.

Caso as leis ou atos normativos estaduais ou municipais tenham sido editados em desarcordo com as normas da Constituição Estadual, o exercício do controle de constitucionalidade deverá ser realizado pelo Tribunal de Justiça do Estado, em atenção ao §2º do art. 125 da CF, que determina aos Estados a instituição da representação de inconstitucionalidade de leis ou atos normativos estaduais ou municipais em face da Constituição Estadual, vedando a atribuição da legitimação para agir a apenas um órgão.

Havendo lei ou ato normativo municipal que contrarie a Constituição Federal não será admissível o exercício do controle concentrado por meio de ação direta de inconstitucionalidade, ante a inexistência de disposição legal nesse sentido. Dessa forma, diante destes o exercício de tal controle somente poderá ser exercido por meio do controle incidental de constitucionalidade.

4.6.1.4. Efeitos da declaração de inconstitucionalidade

Declarada a inconstitucionalidade da lei ou ato normativo, a decisão produzirá, em regra, efeitos contra toda a sociedade (*erga omnes*), sendo que tais efeitos serão retroativos (*ex tunc*), desfazendo, desde sua origem o ato declarado inconstitucional, juntamente com as consequências dele decorrentes.

Os atos ou leis manifestamente incompatíveis com a Constituição, declarados inconstitucionais, são nulos, destituídos de qualquer eficácia jurídica, e imediatamente extirpados do ordenamento jurídico. Acrescente-se que em razão disso, a declaração de inconstitucionalidade de uma norma gera a repristinação[126] da norma anterior, pois sendo nulo, não subsistem quaisquer dos efeitos produzidos pelo ato inconstitucional.

Dissertando sobre o assunto, Alexandre de Moraes, amparado em jurisprudência do Supremo Tribunal Federal, ressalta que a declaração de inconstitucionalidade do ato impugnado e a retroatividade de sua nulidade alcançam inclusive as sentenças já transitadas em julgado, termos em que expõe:

---

[126] Ressalta-se que o efeito repristinatório da declaração de inconstitucionalidade, não se confunde com a repristinação da norma. "No primeiro caso temos o restabelecimento da lei anterior porque, se a lei objeto do controle é inconstitucional e, assim, nula, ela nunca teve eficácia, portanto, nunca revogou nenhum outro ato normativo. No segundo, qual seja, na repristinação, nos termos do art. 2º, §3º da LICC (*Lei de Introdução ao Código Civil Brasileiro*, Decreto-lei n. 4.657/42), salvo disposição em contrário, a lei revogada não se restaura por ter a lei revogadora perdido a vigência, ou seja, precisa de pedido expresso desta terceira lei (que revoga a lei revogadora da lei inicial)" (LENZA, Pedro. *Direito Constitucional Esquematizado*. 14. ed. São Paulo: Saraiva, 2010. p. 288.

"Importante ressaltar que a declaração de inconstitucionalidade do ato impugnado e, consequentemente, a retroatividade de sua nulidade alcança, inclusive, sentenças judiciais já transitadas em julgado, uma vez que, conforme decidiu o Supremo Tribunal Federal, 'a rescindibilidade do acórdão conflitante' decorre 'do princípio da máxima efetividade das normas constitucionais e da consequente prevalência da orientação fixada pelo STF'. Com esse fundamento, a Corte Suprema afastou o argumento 'de que a decisão proferida na ADI não poderia retrotrair para alcançar decisão coberta pelo manto da coisa julgada, tendo em conta a jurisprudência da Corte quanto à eficácia *ex tunc*, como regra, da decisão proferida em controle concentrado, a legitimar a ação rescisória da sentença, que mesmo anterior, lhe seja contrária'" [127].

Com o advento da lei nº 9.868/99, passou a ser possível a modulação dos efeitos da decisão em sede de ação direta de inconstitucionalidade, trata-se da reconhecida técnica da declaração de inconstitucionalidade sem a pronúncia da nulidade, prevista no art. 27 do mencionado diploma, que assim dispõe:

"Ao declarar a inconstitucionalidade de lei ou ato normativo, e tendo em vista razões de segurança jurídica ou de excepcional interesse social, poderá o Supremo Tribunal Federal, por maioria de dois terços de seus membros, restringir os efeitos daquela declaração ou decidir que ela só tenha eficácia a partir de seu trânsito em julgado ou de outro momento que venha a ser fixado".

Diante disso, presentes os requisitos apresentados, o Supremo poderá conferir efeitos *ex nunc* a declaração de inconstitucionalidade em sede de ação direta de inconstitucionalidade, ou determinar que tais efeitos sejam verificados a partir de "outro momento a ser fixado pelos ministros do STF, podendo a modulação ser em algum momento do passado, no momento do julgamento, ou para o futuro (efeito prospectivo)" [128].

Ademais, em conformidade com o disposto no parágrafo único da lei 9.868/99 e no §2º, do art. 102 da Constituição Federal, tal declaração além de produzir efeitos *erga omnes*, *ex tunc* (e excepcionalmente *ex nunc*), os mesmos serão ainda vinculantes[129] em relação aos órgãos do Poder Judiciário e da Administração Pública federal, estadual e municipal.

---

[127] MORAES, Alexandre de. *Direito Constitucional*. 23. ed. São Paulo: Atlas. 2008. p. 755.

[128] LENZA, Pedro. *Direito Constitucional Esquematizado*. 14. ed. São Paulo: Saraiva, 2010. p. 286.

[129] Tal previsão de produção de efeitos vinculantes foi constitucionalizada por meio da edição da Emenda Constitucional nº 45/04 que, alterando a redação do §2º, do art. 102 da Constituição Federal, passou a prever que "as decisões definitivas de mérito, proferidas pelo Supremo Tribunal Federal, nas ações diretas de inconstitucionalidade e nas ações declaratórias de constitucionalidade produzirão eficácia contra todos e efeito vinculante, relativamente, relativamente aos demais órgãos do Poder Judiciário e à administração

De acordo com o entendimento majoritário da doutrina e da jurisprudência do STF referido efeito vinculante somente alcança os demais órgãos do Poder Judiciário e todos os do Poder Executivo, não abrangendo o Poder Legislativo, que poderá, inclusive, editar nova lei em sentido contrário ao decidido pelo Supremo Tribunal Federal em controle concentrado de constitucionalidade sem ofender a autoridade daquela decisão, sob pena de, assim não sendo, verificar-se a ocorrência do fenômeno da "fossilização da Constituição" [130].

Por ser o exame da constitucionalidade da lei ou ato normativo a questão principal a ser decidida, isto é, o mérito da ação direta de inconstitucionalidade, a declaração de inconstitucionalidade da norma será alcançada pela autoridade da coisa julgada, não podendo, diante disso, a mesma questão ser objeto de novo pronunciamento judicial, haja vista que com a formação da coisa julgada, assume contornos de imutabilidade.

Ressalta-se que o julgamento da ação direta de inconstitucionalidade – bem como da ação declaratória de constitucionalidade – somente será realizado se presentes pelo menos oito ministros, devendo-se proclamar a constitucionalidade ou inconstitucionalidade da lei ou ato normativo, se num ou noutro sentido tiverem se manifestado ao menos seis ministros. É o que dispõem os artigos 22 e 23 da lei 9.868/99 [131].

Em razão do caráter dúplice das ações direta de inconstitucionalidade e declaratória de constitucionalidade, evidenciado ainda mais pelo art. 24 da lei 9.868/99[132], pode-se afirmar que tanto a decisão de procedência da ação direta de inconstitucionalidade quanto sua improcedência são alcançadas pela autoridade da coisa julgada, haja vista que em ambos os casos o Supremo terá se pronunciado a respeito do mérito da demanda,

---

pública direta e indireta, nas esferas, federal, estadual e municipal".

[130] Rcl 2617 AgR, Relator(a): Min. CEZAR PELUSO, Tribunal Pleno, julgado em 23/02/2005, DJ 20-05-2005 PP-00007 EMENT VOL-02192-02 PP-00314 RTJ VOL-00193-03 PP-00858.

[131] Art. 22. A decisão sobre a constitucionalidade ou a inconstitucionalidade da lei ou do ato normativo somente será tomada se presentes na sessão pelo menos oito Ministros.
Art. 23. Efetuado o julgamento, proclamar-se-á a constitucionalidade ou a inconstitucionalidade da disposição ou da norma impugnada se num ou noutro sentido se tiverem manifestado pelo menos seis Ministros, quer se trate de ação direta de inconstitucionalidade ou de ação declaratória de constitucionalidade.

[132] Art. 24. Proclamada a constitucionalidade, julgar-se-á improcedente a ação direta ou procedente eventual ação declaratória; e, proclamada a inconstitucionalidade, julgar-se-á procedente a ação direta ou improcedente eventual ação declaratória.

podendo se valer inclusive de qualquer dispositivo constitucional ou princípio dela decorrente para afirmar ou afastar a constitucionalidade da norma impugnada, isso porque a causa de pedir dessas ações é aberta, não vinculando o aplicador do direito aos dispositivos nela indicados.

4.6.2. Ação Declaratória de Constitucionalidade

4.6.2.1. Aspectos gerais: objeto, legitimação e competência

As leis e atos normativos são presumidamente constitucionais, mas tratando-se de presunção relativa, a mesma poderá ser questionada ou até mesmo afastada tanto pelos órgãos do poder judiciário quanto pelo poder executivo, que poderá recusar-se a cumprir determinada norma por entendê-la inconstitucional[133].

Diante disso, para resolver questões como esta, e assegurar a validade e constitucionalidade de uma lei ou ato normativo que tenha sua constitucionalidade impugnada, que foi introduzido em nosso ordenamento jurídico essa espécie de ação dentro do controle concentrado de constitucionalidade – por meio da EC nº 03/93.

Nessa perspectiva, tem-se que a finalidade principal dessa ação é justamente conferir presunção absoluta de constitucionalidade da lei ou ato normativo impugnado, sobre o qual havia importante controvéria acerca de sua constitucionalidade. A ação declaratória de constitucionalidade, diversamente da ação direta de inconstitucionalidade, tem como objeto somente lei ou ato normativo federal, não abrangendo a análise de lei ou ato normativo estadual.

Acrescente-se que a ação declaratória de constitucionalidade possui um requisito particular para a admissibilidade de sua petição inicial, previsto no inciso III, do art. 14 da

---

[133] A respeito, entende-se que somente poderia haver recusa no cumprimento de uma norma constitucional pelos chefes do poder executivo se estes cumulativamente ingressarem com ação direta de inconstitucionalidade, haja vista que os mesmos estão incluídos no rol de legitimados listado no art. 103 da Constituição, ressalva esta que, porém, não se aplica ao prefeito, justamente porque este não detém legitimidade para tanto.

lei 9.868/99, qual seja, "a existência de controvérsia judicial relevante sobre a aplicação da disposição objeto da ação declaratória".

No que tange a legitimação para propor a ação declaratória de constitucionalidade, verifica-se, em consonância com o art. 103 da Constituição Federal, alterado pela Emenda Constitucional 45/04, que os legitimados são os mesmos, já listados, que podem propor ação direta de inconstiucionalidade.

Tratando-se da análise da constitucionalidade de leis e normas somente federais, tendo por parâmetro a Constituição Federal, será competente para seu processamento e julgamento o Supremo Tribunal Federal, conforme previsto no art. 102, I, "a" da própria Carta Suprema. Diversamente do que ocorre na ação direta de inconstitucioalidade, não há previsão legal da possibilidade de propositura de uma ação declaratória de constitucionalidade de âmbito estadual, diante do que a doutrina diverge, havendo autores que defendem essa possibilidade, sobretudo em razão da autonomia dos Estados membros, ao passo que outros rechaçam ante a falta de previsão legal.

Como sinalizador dessa controvérsia, transcrevo o seguinte excerto da obra de Alexandre de Moraes:

> "(...) a possibilidade de criação de uma ação declaratória de constitucionalidade de âmbito estadual divide a doutrina. José Afonso da Silva não admite tal possibilidade, por ausência de previsão constitucional, enquanto Nagib Slaibi Filho entende permitida ao Estado-membro, no exercício de sua competência remanescente, a criação dessa ação na esfera estadual, desde que respeitado o paradigma da Constituição Federal. Parece-nos que a razão está Nagib Slaibi Filho, uma vez que é característica da Federação a autonomia dos Estados-membros, que engloba a capacidade de auto-organização por meio de suas respectivas Constituições estaduais. Assim, e desde que seguissem o modelo federal, nada estaria a impedir que o legislador constituinte-reformador estadual criasse por emenda constitucional uma ação declararatória de constitucionalidade de lei ou ato normativo estadual, em face da Constituição Estadual, a ser ajuizada perante o Tribunal de Justiça e tendo como co-legitimados, em virtude da EC 45/04, os respectivos estaduais, para os co-legitimados do art. 103 da CF, por ação direta de inconstitucionalidade" [134].

---

[134] MORAES, Alexandre de. *Direito Constitucional*. 23. ed. São Paulo: Atlas. 2008. p. 770.

4.6.2.2. Efeitos da declaração de constitucionalidade

Os efeitos da decisão que declara a constitucionaidade da lei ou ato normativo, da mesma forma que na ação direta de inconstitucionalidade, são retroativos (*ex tunc*), de modo a serem ratificados os atos praticados com fulcro na lei questionada, e desconsiderados aqueles que a consideraram inconstitucional, bem como alcançam a todos (*erga omnes*) e vinculam os outros órgãos do poder judiciário, bem como todos do poder executivo.

Em razão de o exame da constitucionalidade da lei ou ato normativo constituir o mérito da demanda, a questão principal, no caso de ser julgada procedente, a declaração de constitucionalidade será alcançada pela coisa julgada. Impossibilitando a reanálise da matéria pelo poder judiciário. Da mesma forma, em sendo julgada improcendente a ação, a declaração de inconstitucionalidade da norma que será abrangida pela autoridade da *res iudicata*, o que ocorre em razão do caráter duplice ou ambivalente dessas ações.

4.6.3. Ação Direta de Inconstitucionalidade por omissão

4.6.3.1. Aspectos gerais: objeto, legitimação e competência.

A ação direta de inconntitucionalidade por omissão tem por fim afastar a inefetividade das normas constitucionais no âmbito do controle concentrado de constitucionalidade[135]. Visando conferir plena eficácia às mesmas.

Utilizando a classificação de José Afonso da Silva que distingue entre normas de eficácia plena, contida e limitada, observa-se que a ação em comento é utilizada quando estamos diante de uma norma de eficácia limitada[136], isto é, norma que não tem aplicabilidade imediata dependendo da intermediação de outra lei, ou mesmo de alguma vontade ou condição, para passar a produzir seus efeitos em sua plenitude.

---

[135] Quando a inefetividade da norma limitar o exercício de algum direito do individuo, este poderá ingressar com mandado de injunção, utilizado quando estamos diante do controle concreto, haja vista que a ação direta de inconstitucionalidade por omissão é utilizada em sede de controle concentrado e abstrato, para assegurar a supremacia da Constituição.

[136] Por exemplo, art. 37, VII, da Constituição Federal, que trata do direito de greve do servidor público.

Ressalta-se que para a omissão do poder público ser considerada inconstitucional deve haver na Constituição norma que determine um fazer, uma conduta positiva. Nesse sentido Canotilho elucida que:

> "A omissão legislativa (e, ampliamos o conceito também para a administrativa) só é autônoma e juridicamente relevante quando se conexiona com uma exigência constitucional de ação, não bastando o simples dever geral de legislador para dar fundamento a uma omissão constitucional. Um dever jurídico-constitucional de ação existirá quando as normas constitucionais tiverem a natureza de imposições concretamente impositivas" [137].

A omissão será inconstitucional e apta a gerar a propositura da presente ação, quando, de acordo com os princípios da razoabilidade e da proporcionalidade, verificar-se ter transcorrido lapso temporal considerável sem que tenham sido realizadas as medidas necessárias para tornar plenamente efetiva a norma constitucional destituída de capacidade de produzir todos seus efeitos.

Em conformidade com o art. 103 da Constituição Federal, o objeto da presente ação consiste na "omissão da medida para tornar efetiva norma constitucional" em razão de qualquer dos Poderes ou de órgão administrativo. Isto é, a omissão do Poder Público de conferir plena eficácia às normas de eficácia limitada, trata-se de uma omissão de cunho normativo e não apenas legislativo.

Nesse sentido, dispõe Pedro Lenza:

> "Nesse sentido, com precisão anota Barroso que a omissão é de cunho normativo, que é mais ampla que omissão de cunho legislativo. Assim, engloba '...atos gerais, abstratos e obrigatórios de outros poderes e não apenas daquele ao qual cabe, precipuamente, a criação do direito positivo'. A omissão, então pode ser do Poder Legislativo, do Poder Executivo (...) ou do próprio Judiciário (...) "[138].

Através da ação direta de inconstitucionalidade por omissão, objetiva-se que o poder responsável seja cientificado de sua omissão para tomar as providências cabíveis e necessárias diante do caso concreto para sanar a omissão existente, e tratando-se de

---

[137] CANOTILHO, J. J. Gomes. (*apud* TEIXEIRA, Sálvio de Figueiredo. As garantias do cidadão na justiça. São Paulo: Saraiva, 1993. p. 354).
[138] LENZA, Pedro. *Direito Constitucional Esquematizado*. 14. ed. São Paulo: Saraiva, 2010. p. 307.

órgão administrativo determinam os artigos 103, §2º da Constituição e 12-H, § 1º da lei 9.868/99 que sejam realizadas as providências necessárias para suprir a omissão no prazo de trinta dias, ou em prazo razoável a ser estipulado pelo Tribunal, sob pena de responsabilização.

A omissão inconstitucional suficiente para propiciar a propositura da presente ação poderá ser total ou absoluta, quando houver a total ausência de normas; bem como parcial, nas hipóteses em que houver lei integrativa infraconstitucional, mas esta for insuficiente.

Os legitimados para propor a presente ação são os mesmos da ação direta de inconstitucionalidade genérica e ação declaratória de constitucionalidade, listados no art. 103 da Constituição. Sendo competente para apreciar a presente demanda o Supremo Tribunal Federal, com fulcro no art. 103, §2º c/c art. 102, I, "a", ambos da Constituição Federal.

4.6.3.2. Efeitos da declaração de inconstitucionalidade por omissão

A sentença proferida em sede de ação direta de inconstitucionalidade por omissão tem caráter mandamental, constituindo em mora o poder competente que deveria elaborar a lei e não o fez.

Se a omissão for do poder legislativo, executivo ou do próprio poder judiciário, o Supremo Tribunal Federal dará ciência da omissão ao poder competente, sem fixar qualquer prazo para a realização das medidas necessárias para suprir a omissão.

No caso de a omissão ser de órgão administrativo, como já afirmado, em conformidade com o §2º, do art.103 da Constituição este deverá fazer a lei no prazo de trinta dias, sob pena de ser responsbilizado, ou nos termos do art. 12-H, §1º da lei 9.868/99, em prazo razoável a ser estipulado excepcionalmente pelo Tribunal, tendo em vista as circunstâncias específicas do caso e o interesse público envolvido.

A respeito dos efeitos objetivos, subjetivos e temporais da declaração de inconstitucionalidade por omissão, pondera Luís Roberto Barroso:

"Do ponto de vista objetivo, a declaração de inconstitucionalidade por omissão não afeta, por si só o ordenamento jurídico em vigor. Somente haverá alguma modificação no direito posto se e quando o Poder ou órgão administrativo vierem a editar o ato faltante (...). Do ângulo subjetivo os efeitos se produzem em relação a todos e com caráter vinculante. Isso significa que, em um processo no qual uma das partes invoque como argumento ou como fundamento do pedido o fato de existir omissão inconstitucional na matéria, declarada pelo Supremo Tribunal Federal, não poderá o órgão jurisdicional trabalhar sob premissa diversa. Quanto aos efeitos temporais, como assinalado, não há analogia precisa com os da declaração de inconstitucionalidade por ação (...). No caso da omissão, é preciso aguardar um período razoável para a sua caracterização" [139].

4.6.4. Ação Direta de Inconstitucionalidade interventiva

A ação direta de inconstitucionalidade interventiva consiste em um dos pressupostos para a decretação da intervenção federal, ou estadual pelos chefes do poder executivo, nas hipóteses previstas na Constituição. Não há nesse caso decretação de nulidade do ato, mas tão somente a constatação da presença dos requisitos aptos a ensejar futura decretação da intervenção pelo chefe do poder executivo.

No que tange a ação direta de inconstitucionalidade interventiva federal (art. 36, III, da CF), o objeto consiste em lei ou ato normativo, omissão, ou ato governamental estaduais que desrespeitam os princípios sensíveis dispostos no art. 34, VII, da Carta Suprema. O processo e julgamento da presente ação é da competência do Supremo Tribunal Federal, sendo que somente tem legitimidade para intentá-la o Procurador-Geral da República.

Julgada procedente a ação, o Supremo requisitará ao Presidente da República que decrete a intervenção. Sendo que este inicialmente por meio de decreto apenas irá suspender a execução do ato impugnado, não sendo esta medida suficiente para restabelecer a normalidade, aí sim o Presidente da República decretará a intervenção federal, procedendo à nomeação dos interventores e afastando as autoridades responsáveis de seus cargos.

---

[139] BARROSO. Luís Roberto. *O controle de constitucionalidade no direito brasileiro: exposição sistemática da doutrina e análise crítica da jurisprudência.* São Paulo: Saraiva, 2004. p. 214.

No âmbito estadual (art. 35, IV, da Constituição Federal), a intervenção a ser decretada pelo Governador do Estado, dependerá de provimento do Tribunal de Justiça local de representação para assegurar a observância dos princípios sensíveis indicados na Constituição Estadual, ou para prover a execução de lei, de ordem ou de decisão judicial.

Ressalta-se que diversamente das ações indicadas acima realizadas no controle concentrado de constitucionalidade de forma abstrata, esta surge a partir da análise do caso concreto.

4.6.5. Arguição de Descumprimento de Preceito Fundamental

O art. 102, §1º da Constituição prevê a competência do Supremo Tribunal Federal para apreciar a arguição de descumprimento de preceito fundamental, "na forma da lei". Em razão da necessidade de ser completada por lei intermediária para produzir seus regulares efeitos, observa-se que referida norma apresenta eficácia limitada. Diante disso, foi editada a lei 9.882/99, que passou a regular a matéria.

A arguição de descumprimento de preceito fundamental tem caráter subsidiário, somente sendo admitida nas hipóteses em que não exista qualquer outro meio capaz de sanar a lesividade. Tem por objeto evitar ou reparar lesão a preceito fundamental, resultante de ato do Poder Público, bem como, por equiparação, também será cabível, de acordo com o parágrafo único do art. 1º, da referida lei, quando for relevante o fundamento da controvérsia constitucional sobre lei ou ato normativo federal, estadual ou municipal, incluídos os anteriores à Constituição.

O conceito de preceito fundamental, embora importante para a interposição da presente ação, não foi definido na Constituição, sequer na lei 9.882/99, cabendo a formulação de seu conceito à doutrina e jurisprudência. Nessa perspectiva Uadi Lammêgo Bulos define os precetos fundamentais da seguinte maneira "qualificam-se de fundamentais os grandes preceitos que informam o sistema constitucional, que estabelecem comandos basilares e imprescindíveis à defesa dos pilares da manifestação do constituinte originário" [140].

---

[140] BULOS, Uadi Lammêgo (*apud* LENZA, Pedro. *Direito Constitucional Esquematizado*. 14. ed. São Paulo: Saraiva, 2010. p. 300-301).

Os legitimados para a propositura da presente ação são os mesmos da ação direta de inconstitucionalidade genérica, enumerados no art. 103 da Constituição Federal, bem como no art. 2º da lei 9.882/99.

Julgada a ação, serão comunicadas imediatamente as autoridades ou órgãos responsáveis pela prática dos atos impugnados, sendo fixadas as condições, o modo de interpretação e aplicação do preceito fundamental.

A decisão sobre a arguição de descumprimento de preceito fundamental somente será tomada se presentes na sessão ao menos oito ministros. E, seguindo a regra geral no controle concentrado e abstrado de constitucionalidade, terá eficácia contra todos, efeito vinculante diante dos demais órgãos do poder público, bem como efeitos retroativos.

Excepcionalmente, o Supremo Tribunal Federal, atendendo as razões de segurança jurídica ou de interesse social, poderá, por maioria de 2/3 de seus membros, restringir os efeitos da declaração ou decidir que ela somente tenha eficácia a partir de seu trânsito em julgado ou de outro momento que venha a ser fixado, em conformidade com o art. 11 da lei 9.882/99.

Nos termos do art. 12 da lei que disciplina a ação em estudo, a decisão que julgar procedente ou improcedente o pedido de arquição de descumprimento de preceito fundamental é irrecorrível, bem como não poderá ser objeto de ação rescisória.

Cumpre salientar, por fim, que há doutrinadores, como Eduardo Talamini, que admitem a utilização da arguição de descumprimento de preceito fundamental como um meio típico de revisão da coisa julgada inconstitucional. Instrumento a ser utilizado em hipóteses de extrema excepcionalidade, quando houver ofensa grave à Constituição – "descumprimento de preceito fundamental" –, relevância coletiva e seja observada a aplicação subsidiária dessa ação, de modo que esse mecanismo somente será admitido quando não houver qualquer outro meio apto de impugnar a sentença transitada em julgado eivada de inconstitucionalidade.

A sustentar a possibilidade de utilização da arguição de descumprimento de preceito fundamental para afastar a coisa julgada inconstitucional, Eduardo Talamini, inicia sua argumentação afirmando uma das particularidades desta ação, segundo a qual, enquanto somente podem ser objeto da ação direta de inconstitucionalidade e da ação declaratória de constitucionalidade, atos normativos, gerais, abstratos e impessoais, a ação em comento "pode servir para o controle direto (e abstrato) da constitucionalidade de atos normativos de efeitos concretos e para o controle direto da constitucionalidade de atos públicos que, embora formalmente alheios ao campo dos atos normativos, veiculam comandos gerais e abstratos" [141] [142].

Nessa perspectiva, por exemplo, se diante de uma ação civil pública, o juiz reconhecesse a inconstitucionalidade de um ato normativo de forma direta e abstrata, conferindo a mencionada declaração eficácia contra todos (*erga omnes*), essa decisão estaria eivada de inconstitucionalidade, constituíndo, após o trânsito em julgado da decisão, coisa julgada manifestamente incontitucional.

Isso porque, conforme já sedimentado em nossos tribunais, o reconhecimento da inconstitucionalidade de lei ou ato normativo em ações coletivas, no caso, ação civil pública, pode ocorrer apenas de forma incidental, para possibilitar o julgamento do caso em análise, não podendo a utilização da mesma, esvaziar futuro ajuizamento de ação direta de inconstitucionalidade.

Diante disso, esgotados os prazos para a propositura dos recursos cabíveis, reclamação para o Supremo Tribunal Federal e ação rescisória, ante a magnitude da violação verificada, Eduardo Talamini, entende que seria cabível, *in casu*, a utilização da arguição de descumprimento de preceito fundamental.

A corroborar o entendimento ora apresentado, referido autor pontua que:

> "Assim, como diretriz geral, o ato jurisdicional pode constituir objeto direto e autônomo da arguição de descumprimento apenas na medida em que ele mesmo assuma relevância geral, coletiva, que justifique o controle objetivo. É o que se dá nas hopóteses antes cogitadas – e talvez possam ser identificados na experiência

---

[141] TALAMINI, Eduardo. *Coisa Julgada e sua Revisão*. São Paulo: Editora Revista dos Tribunais, 2005. p. 503.

[142] Ressalta-se que o Supremo Tribunal Federal alterou seu entendimento a respeito. Antes considerava que os atos estatais de efeitos concretos não estão sujeitos ao controle abstrato de onstitucionalidade. Atualmente a Corte Suprema distingue entre ato de efeito concreto editado pelo Poder Público sob a forma de lei do ato de efeito concreto não editado sob a forma de lei, admitindo que aquele possa ser objeto de controle abstrato.

concreta outros casos equivalentes. Em tais situações, constatada a relevância da questão, averiguado o descumprimento de preceito fundamental e não havendo outro remédio eficaz, é possível o emprego da arguição mesmo em face da coisa julgada" [143]

5. COISA JULGADA INCONSTITUCIONAL

5.1. TEORIA DA COISA JULGADA INCONSTITUCIONAL

A Constituição é soberana em nosso ordenamento jurídico, sendo a submissão a mesma característica essencial na formação do Estado Democrático de Direito.

Diante disso, observa-se que os atos praticados pelos poderes[144] integrantes do Estado devem obediência aos princípios e normas consagrados expressa e implicitamente em nossa Carta Maior. De modo que, tratando-se de leis ou atos normativos, há previsão legal de que se os mesmos forem praticados em desconformidade com a Constituição, referidos atos poderão ser declarados nulos e serão, por conseguinte, afastados de nosso ordenamento jurídico, por meio do controle de constitucionalidade, difuso ou concentrado, a ser realizado pelo poder judiciário.

E quanto às decisões judiciais, poderão as mesmas sobreviver após o trânsito em julgado, mesmo se estiverem em descompasso com os preceitos constitucionais?

Entende-se que não[145]. Isso porque o poder judiciário, assim como os poderes executivo e legislativo, não detém soberania[146] a justificar a intangibilidade de suas decisões

---

[143] TALAMINI, Eduardo. *Coisa Julgada e sua Revisão*. São Paulo: Editora Revista dos Tribunais, 2005. p. 509.

[144] Na verdade são mais propriamente funções do Estado que poderes, haja vista que o poder é uno.

[145] Em sentido diverso Marinoni sustenta que "A sentença que produziu coisa julgada material, por constituir uma norma elaborada por um juiz que tem o dever de realizar o controle difuso da constitucionalidade, não pode ser invalidada por ter se fundado em lei posterior declarada inconstitucional. Note-se que isso equivaleria à nulificação do juízo de constitucionalidade, e não apenas à nulificação da lei declarada inconstitucional. Impedir que a lei declarada inconstitucional produza efeitos é muito diferente do que negar efeitos a um juízo de constitucionalidade, legitimado pela própria Constituição (MARINONI, Luiz Guilherme. *Coisa julgada inconstitucional: a retroatividade da decisão de (in)constitucionalidade do STF sobre a coisa julgada: a questão da relativização da coisa julgada*. 2. ed. rev. e atual. São Paulo: Revista dos Tribunais, 2010. p. 32).

[146] Nesse sentido Carlos Valder do Nascimento preceitua que "O Poder Judiciário não detém a soberania e, como tal, não se pode justificar o mito da intangibilidade da função jurisdicional, enquanto manifestação do

quando contrárias aos preceitos constitucionais. Sendo assim, diante da soberania da Constituição e da força normativa desta a intangibilidade da *res iudicata* deverá ceder.

A corroborar esse entendimento Paulo Otero preceitua que:

> "Por outro lado, o poder judicial, repita-se uma vez mais, não é poder constituinte paralelo ao poder originário de feitura da Constituição, antes se apresenta como poder constituído tal como o poder legislativo ou o administrativo. Em consequência, a rejeição destes dois últimos poderes ao controle da conformidade jurídica dos seus atos com o princípio da constitucionalidade não pode ser acompanhado de um estatuto diferenciado para as suas decisões judiciais violadoras da Constituição, em especial se estas são proferidas por tribunais sujeitos à ordem jurisdicional de recurso das respectivas decisões" [147].

No entanto, ainda que seja necessário extirpar do ordenamento jurídico as sentenças inconstitucionais sobre as quais recai a autoridade da coisa julgada, há limites para esse controle que serão delimitados em item próprio a seguir.

Feitas as devidas considerações a respeito da necessidade de ser afastada a decisão prolatada em desconformidade com os preceitos constitucionais, passemos a analisar as hipóteses em que é formada a coisa julgada inconstitucional.

5.2. HIPÓTESES EM QUE É FORMADA A COISA JULGADA INCONSTITUCIONAL

A coisa julgada, conforme já apresentado, consiste em uma qualidade de imutabilidade que recai sobre o conteúdo da sentença.

Diante disso, quando se fala em "coisa julgada inconstitucional" deve-se compreender que a inconstitucionalidade está situada na própria decisão sobre a qual recai a autoridade da

---

exercício da atividade estatal. Isto porque ela é uma decorrência do poder político que, na percepção de Clèmerson Merlin Clève, é indivisível, tendo o povo na sua titularidade que não se subdivide senão em face do Poder Constituinte que torna efetiva a distribuição de diferentes funções a se compor na estrutura que dá corpo à organização político-administrativa do Estado" (NASCIMENTO, Carlos Valder do; THEODORO JÚNIOR, Humberto; FARIA, Juliana Cordeiro de. *Coisa Julgada Inconstitucional: a questão da segurança jurídica.* Belo Horizonte: Fórum, 2001. p. 29-30).
[147] OTERO, Paulo. Ensaio sobre o caso julgado inconstitucional. Lisboa: Lex 1993, p. 123 (*apud* NASCIMENTO, Carlos Valder do; THEODORO JÚNIOR, Humberto; FARIA, Juliana Cordeiro de. *Coisa Julgada Inconstitucional: a questão da segurança jurídica.* Belo Horizonte: Fórum, 2001. p. 29).

res iudicata, tornando-a, em regra, imutável. Isto é, haverá a formação de coisa julgada inconstitucional após o trânsito em julgado de uma sentença imcompatível com os preceitos constitucionais.

Nessa toada, Eduardo Talamini, apresenta cinco hipóteses em que a sentença e, por conseguinte, a coisa julgada será inconstitucional, quais sejam: (i) sentença amparada na aplicação de norma inconstitucional; (ii) sentença amparada em interpretação incompatível com a Constituição; (iii) sentença amparada na indevida afirmação de inconstitucionalidade de uma norma; (iv) sentença amparada na violação direta de normas constitucionais ou cujo dispositivo viola diretamente normas constitucionais; (v) sentenças que, embora sem incidir em qualquer das hipóteses anteriores, estabelecem ou declaram uma situação incompatível com os valores fundamentais da ordem constitucional[148] .

A primeira hipótese de formação da coisa julgada inconstitucional ocorrerá se a sentença se embasar em lei ou ato normativo já declarado inconstitucional pelo Supremo Tribunal Federal em sede de controle concentrado e abstrato de constitucionalidade ou quando essa declaração tiver sido pronunciada pelo Supremo em sede de controle difuso e concreto de constitucionalidade, tendo o Senado Federal, em conformidade com o art. 52, X, da Constituição, suspenso a execução da lei ou ato normativo sobre o qual recair a declaração de inconstitucionalidade.

Nesse caso, além de ser a sentença fundamentada em norma inconstitucional, haverá uma ofensa direta a norma constitucional, vez que a própria Carta Suprema impõe a observância do efeito vinculante nesses casos.

Ademais, haverá formação da coisa julgada inconstitucional, ainda com base na primeira hipótese, quando referida inconstitucionalidade for posteriormente declarada pelo Supremo, tanto em sede de controle concentrado quanto difuso – desde que nesse caso o Senado suspenda a execução da lei impugnada –; bem como, quando a norma for inconstitucional, mas não for assim declarada em controle direto.

---

[148] TALAMINI, Eduardo. *Coisa Julgada e sua Revisão*. São Paulo: Editora Revista dos Tribunais, 2005. p. 406-414 *passim*.

A coisa julgada formada também será inconstitucional quando a sentença fundar-se em interpretação da norma – constitucional ou infraconstitucional – incompatível com a Constituição.

A fim de evitar essa situação, o aplicador do direito, em sua atividade, deverá interpretar as normas constitucionais e infraconstitucionais pautado nos princípios da unidade, da correção funcional e da interpretação conforme a Constituição, a fim de aplicá-las de modo coerente com nosso ordenamento jurídico, e, sobretudo, em conformidade com a Constituição Federal.

Cumpre salientar que caso o intérprete e aplicador do direito confira a norma um sentido ofensivo a nossa Carta Magna e utilize a mesma para fundamentar uma decisão, esta poderá vir a ser declarada inconstitucional, e, por conseguinte, ser extirpada de nosso ordenamento jurídico, através da desconstituição da coisa julgada inconstitucional.

Nesse sentido, Inocêncio Mártires Coelho dissertando acerca do princípio da interpretação conforme a Constituição afirma que:

> "Com efeito, ao recomendar – nisso se resume esse princípio –, que os aplicadores da Constituição, em face de normas infraconstitucionais de múltiplos significados, escolham o sentido que as torne constitucionais e não aquele que resulte na sua declaração de inconstitucionalidade, esse canône interpretativo ao mesmo tempo que valoriza o trabalho legislativo, aproveitando ou conservando as leis, previne o surgimento de conflitos, que se tornariam crescentemente perigosos caso os juízes, sem o devido cuidado se pusessem a invalidar os atos da legislatura" [149].

A terceira hipótese apta a configurar a coisa julgada inconstitucional ocorre quando a sentença for amparada na indevida afirmação de inconstitucionalidade de uma norma. Isso nos casos em que a não aplicação da lei consistir em afronta direta a outros valores e normas constitucionais e, não somente uma ofensa reflexa ao princípio da legalidade, o que ocorre, por exemplo, nos casos em que é verificada a inconstitucionalidade por omissão do órgão ou poder responsável diante do caso concreto.

---

[149] MENDES, Gilmar Ferreira; COELHO, Inocêncio Mártires; BRANCO, Paulo Gustavo Gonet. *Curso de Direito Constitucional*. 2. ed. São Paulo: Saraiva, 2008. p. 119.

Haverá formação de coisa julgada inconstitucional também quando a decisão amparar-se em violação direta de normas constitucionais ou quando seu dispositivo violar diretamente as normas constitucionais. Trata-se do que ocorre quando a sentença nega um direito assegurado na Constituição em norma de eficácia imediata, de caráter material ou processual. Ressalta-se que nesse caso a ofensa constitucional para gerar a inconstitucionalidade deverá poder ser verificada autonomamente, constituindo muito mais que mera ofensa reflexa ao princípio da legalidade.

Por fim, de acordo com as lições de Eduardo Talamini, a coisa julgada formada poderá ser inconstitucional, quando restar estabelecido na sentença uma situação diretamente incompatível com os valores fundamentais da ordem contitucional. Trata-se de uma hipótese distinta das anteriores e mais abrangente que visa assegurar a essência da nossa Constituição, isto é, os valores que lhe conferem fundamento.

Enquadra-se nessa hipótese, segundo Talamini, a sentença que incorretamente afirma ou nega uma relação de filiação, porque na época em que proferida não era utilizado o exame de DNA. Nesse caso, a manutenção da sentença após a realização do exame que evidencia a existência de erro na sentença prolatada, produz uma situação de incompatibilidade com os valores fundamentais, sobretudo, no caso, em relação ao princípio da dignidade da pessoa humana. De modo que a partir do instante em que for verificada tal incompatibilidade a coisa julgada formada passará a ser reconhecida como inconstitucional.

5.3.   CONCEPÇÕES A RESPEITO DA COISA JULGADA INCONSTITUCIONAL

No presente tópico trataremos de apresentar, de forma sintetizada, as principais concepções doutrinárias a respeito da coisa julgada inconstitucional, nas quais, como de observará, os doutrinadores buscam afastar o caráter absoluto do princípio da *res iudicata*. Vejamos.

5.3.1. A concepção de Paulo Otero

O doutrinador português distingue entre decisões judiciais inexistentes e inconstitucionais, distinção essa fundamental para o presente estudo, haja vista que para o mesmo apenas estas serão aptas a formar a coisa julgada inconstitucional. Nesse sentido, afirma Paulo Otero que "Apenas as decisões judiciais com o mínimo de identificabilidade são passíveis de um juízo de inconstitucionalidade" [150], isto é, aquelas decisões proferidas por um juiz, no exercício de suas atribuições e, em conformidade com os requisitos formais e processuais mínimos.

Referido autor aponta três modalidades principais de inconstitucionalidade da coisa julgada, quais sejam: decisão judicial que viola, através de seu conteúdo, direta e imediatamente preceito ou princípio constitucional; decisão judicial que aplica uma norma inconstitucional; e, decisão judicial que não aplica determinada norma sob o pretexto de sua inconstitucionalidade[151].

Diante disso, reconhece o mesmo que embora a inconstitucionalidade dessas decisões, em regra, passe pela aplicação de normas, há casos em que o conteúdo das decisões judiciais ofende direta e imediatamente a Constituição, sem a intermediação de qualquer norma.

Prosseguindo seu raciocício, Paulo Otero pondera que nada obstante a importância do princípio da segurança jurídica no ordenamento jurídico português há situações em que será possível, senão indispensável, a impugnação e posterior desconstituição do caso julgado em desconformidade com a Constituição.

Nesta senda, sintetiza seu pensamento nos seguintes termos:

> "A idéia de defesa da segurança e da certeza da ordem jurídica constituem princípios fundamentadores de uma solução tendente a limitar ou mesmo excluir a relevância da inconstitucionalidade como factor autónomo de destruição do caso julgado. No entanto, se o princípio da constitucionalidade determina a insusceptibilidade de qualquer acto normativo inconstitucional se consolidar na

---

[150] OTERO, Paulo. Ensaio sobre o caso julgado inconstitucional. Lisboa: Lex 1993, p. 64. (apud NASCIMENTO, Carlos Valder do; THEODORO JÚNIOR, Humberto; FARIA, Juliana Cordeiro de. Coisa Julgada Inconstitucional: a questão da segurança jurídica. Belo Horizonte: Fórum, 2001. p. 42).

[151] SIQUEIRA, Pedro Eduardo Pinheiro Antunes de. A coisa Julgada Inconstitucional. Rio de Janeiro: Renovar, 2006. p. 98.

ordem jurídica, tal facto poderá fundamentar a possibilidade, senão mesmo a exigência, de destruição do caso julgado desconforme com a Constituição" [152].

Desta forma, observa-se que para o doutrinador português a imutabilidade da *res iudicata* não é princípio absoluto, havendo casos em que esta, assim como os princípios da certeza e segurança jurídica, deverá ceder ante a importância da ofensa à Constituição verificada no caso.

5.3.2. A concepção de Cândido Rangel Dinamarco.

Para Dinamarco o processo deve desenvolver-se equilibrando adequadamente as exigências de celeridade, o que favorece a certeza das relações jurídicas, e da ponderação, destinada a produção de resultados justos. Diante disso, apresenta que a relação entre referidos valores ocorre nos seguintes termos:

> "O processo civil deve ser realizado no menor tempo possível, para definir logo as relações existentes entre os litigantes e assim cumprir sua missão pacificadora; mas em sua realização ele deve também oferecer às partes meios adequados e eficientes para a busca de resultados favoráveis, segundo o direito e a justiça, além de exigir do juiz o integral e empenhado conhecimento dos elementos da causa, sem o que não poderá fazer justiça nem julgará bem. A síntese desse indispensável equilíbrio entre exigências conflitantes é: o processo deve ser realizado e produzir resultados estáveis tão logo quanto possível, sem que com isso se impeça ou prejudique a justiça dos resultados que ele produzirá" [153].

Nessa perspectiva, ante a necessidade de equilibrar os valores de segurança e justiça, Cândido Dinamarco reconhece a relativização da coisa julgada "como valor inerente à ordem constitucional-processual", haja vista ser indispensável à harmonização da *res iudicata*, que consagra os valores de certeza e segurança, com outros valores de igual ou maior grandeza que a mesma, por exemplo, a justiça da decisão[154].

---

[152] OTERO, Paulo. Ensaio sobre o caso julgado inconstitucional. Lisboa: Lex 1993, p. 93. *Apud* NASCIMENTO, Carlos Valder do; THEODORO JÚNIOR, Humberto; FARIA, Juliana Cordeiro de. *Coisa Julgada Inconstitucional: a questão da segurança jurídica.* Belo Horizonte: Fórum, 2001. p. 43.
[153] DINAMARCO, Cândido Rangel. *Relativizar a Coisa Julgada Material. In:* Revista virtual da AGU, Ano II, nº 07, de fevereiro de 2001. p. 1. Disponível em: <http://www.agu.gov.br/sistemas/site/TemplateTexto.aspx?idConteudo=104463&ordenacao=1&id_site=1115 >. Acesso em: 20 out. 2011.
[154] *Ibid.* p. 10.

Assim, verifica-se que a relativização da coisa julgada ocorre por meio de uma ponderação de valores, momento no qual os princípios da razoabilidade e da proporcionalidade deverão atuar como condicionantes da imunização dos julgados pela autoridade da coisa julgada material. Ademais, destaca-se que deverá ser observado no momento em que for realizada a mencionada ponderação de valores, o seguinte: a moralidade administrativa; o imperativo constitucional do justo valor das indenizações em desapropriação imobiliária; o zelo pela cidadania e direitos do homem; a fraude e o erro grosseiro; a garantia constitucional do meio ambiente ecologicamente equilibrado; a garantia constitucional do acesso à ordem jurídica justa; bem como, por fim, o caráter excepcional da disposição a flexibilizar a autoridade da coisa julgada[155].

No que tange aos remédios constitucionais adequados para impugnar a coisa julgada inconstitucional, Dinamarco, seguindo as lições de Pontes de Miranda, propõe a utilização de três meios, quais sejam, a propositura se nova demanda igual à primeira, desconsiderada a coisa julgada; a resistência à execução, por meio de embargos a ela ou mediante alegações incidentes ao próprio processo executivo; e, a alegação *incidenter tantum* em algum outro processo, inclusive, em peças defensivas[156].

5.3.3. A concepção de Humberto Theodoro Júnior e Juliana Cordeiro de Faria

Humberto Theodoro Júnior e Juliana Cordeiro de Faria reconhecem em seus estudos que a segurança, como valor inerente a coisa julgada, bem como a sua intangibilidade são dotados de relatividade, uma vez que no âmbito do direito nenhum princípio, inclusive de ordem constitucional pode ser dotado de caráter absoluto.

Nesta ordem de idéias, afirmam que a coisa julgada será intangível apenas quando estiver em conformidade com a Constituição, caso contrário deverá ser reconhecida a coisa julgada inconstitucional.

De acordo com referidos autores a garantia jurídica de que se vale a Constituição Federal decorre de um princípio que é caro ao Estado de Direito, qual seja, o princípio da constitucionalidade ou da supremacia da Constituição. Princípio este que "é consequência

---

[155] *Ibid.* p. 11.
[156] *Ibid.* p. 19-20.

direta da força normativa e vinculativa da Constituição enquanto Lei Fundamental da ordem jurídica e pode ser enunciado a partir do contraposto da inconstitucionalidade (...)" [157].

Afirmam os autores que todos os poderes e órgãos do Estado, em razão desse princípio, estão submetidos às normas e princípios hierarquicamente superiores da Constituição, sob pena de, caso os infrinjam, ser o ato declarado inconstitucional e, por conseguinte, ser invalidado.

Nessa perspectiva, destacam que a idéia de que a decisão judicial somente poderia ser submetida ao controle de contitucionalidade por meio da utilização de recursos, ou esgotada sua possibilidade, após o trânsito em julgado da decisão, no prazo de dois anos e se presentes uma das hipóteses aptas a ensejar a propositura da ação rescisória, sobretudo no caso do art. 485, V, do CPC – violar literal disposição de lei – é equivocada. Isto porque, conforme expõem:

> "A coisa julgada não pode suplantar a lei, em tema de inconstitucionalidade, sob pena de transformá-la em um instituto mais elevado e importante que a lei e a própria Constituição. Se a lei não é imune, qualquer que seja o tempo decorrido desde a sua entrada em vigor, aos efeitos negativos da inconstitucionalidade, por que o seria a coisa julgada?" [158].

Assim, ressaltam, mais uma vez, o caráter relativo da segurança jurídica, que deverá ceder diante da ponderação com valores mais significativos numa sociedade regida pela ordem constitucional democrática de direito. Pois somente diante da declaração de nulidade dos atos contrários a Constituição, mesmo após a formação da coisa julgada, será realmente assegurada a supremacia da Constituição[159].

Explicitando, ainda mais, seu entendimento, afirmam:

---

[157] THEODORO JÚNIOR, Humberto; FARIA, Juliana Cordeiro de. Reflexões sobre o princípio da intangibilidade da coisa julgada e sua relativização. In: NASCIMENTO, Carlos Valder do; DELGADO, José Augusto (Org.). *Coisa julgada inconstitucional*. 2. ed. Belo Horizonte: Fórum, 2008. p. 178.

[158] THEODORO JÚNIOR, Humberto; FARIA, Juliana Cordeiro de. Reflexões sobre o princípio da intangibilidade da coisa julgada e sua relativização. In: NASCIMENTO, Carlos Valder do; DELGADO, José Augusto (Org.). *Coisa julgada inconstitucional*. 2. ed. Belo Horizonte: Fórum, 2008. p. 179-180.

[159] Em outras palavras salientam: "O princípio da Supremacia da Constituição se sobrepõe a todos os demais, razão pela qual a qualquer tempo possível será retirar a validdae de um ato a ela contrário, ainda que se trate de decisão judicial sob o manto da *res iudicata*" (Ibid. p. 185).

"Sob esse aspecto, inegável é que a coisa julgada contrária à Constituição, ou seja, a coisa julgada inconstitucional, autoriza a relativização do princípio da intangibilidade, como instrumento hábil a garantir a integridade e a Supremacia da Constituição Federal e a própria segurança jurídica. Destarte, não apenas por razões de justiça, mas também de segurança jurídica justifica-se um controle de constitucionalidade da coisa julgada e sua relativização na hipótese em que constatado o vício da constitucionalidade" [160].

Admitindo ser a relativização da coisa julgada possível, ainda que excepcional, apontam os autores os intrumentos suficientes para impugnar a coisa julgada dita inconstitucional.

Inicialmente indicam a utilização da ação rescisória quando observados os princípios da razoabilidade e da proporcionalidade estiverem sendo malferidos valores e garantias que igualmente merecem tutela. Ressalvando que, em matéria constitucional tal arguição prescindiria da própria ação rescisória, podendo, nos termos da legislação processual – arts. 741, parágrafo único e 475-L, §1º do CPC – ser veiculada em sede de embargos do devedor ou de impugnação ao cumprimento de sentença.

Ressaltando a amplitude em que deve ser alegada, reconhecida e afastada a coisa julgada inconstitucional, Theodoro Jr. e Juliana Cordeiro manifestam que:

"A decisão judicial transitada em julgado desconforme à Constituição padece do vício da inconstitucionalidade que, nos mais diversos ordenamentos jurídicos, lhe impõe a *nulidade*. Ou seja, a coisa julgada inconstitucional é *nula* e, como tal, não se sujeita a prazos prescricionais ou decadenciais. Ora no sistema das nulidades, os atos judiciais nulos independem de rescisória para a eliminação do vício respectivo. Destarte, pode 'a qualquer tempo ser declarada nula, em ação com esse objetivo, ou em embargos à execução'. (...) Os Tribunais, com efeito, não podem se furtar de, até mesmo de ofício, reconhecer a inconstitucionalidade da coisa julgada, o que pode ser dar a qualquer tempo, seja em ação rescisória (não sujeita a prazo), em ação declaratória de nulidade ou em embargos à execução" [161].

Por fim, ponderam que tratando-se de nulidade *ipso iure*, nem a *res iudicata* poderá superá-la de modo que não sendo cabíveis a utilização dos embargos à execução e da

---

[160] *Ibid.* p. 181.
[161] THEODORO JÚNIOR, Humberto; FARIA, Juliana Cordeiro de. Reflexões sobre o princípio da intangibilidade da coisa julgada e sua relativização. In: NASCIMENTO, Carlos Valder do; DELGADO, José Augusto (Org.). *Coisa julgada inconstitucional.* 2. ed. Belo Horizonte: Fórum, 2008. p. 188-189.

impugnação ao cumprimento de sentença, em razão da limitação imposta pela lei 11.232/05, da necessidade de declaração de inconstitucionalidade pelo Supremo Tribunal Federal da lei ou ato normativo sobre o qual a sentença se fundamenta, seja em controle difuso ou concentrado, poderá a parte interessada valer-se da ação declaratória de nulidade ou a querela nullitatis, quando não mais for possível ajuizar ação rescisória, em virtude de ter se esgotado o prazo decadencial que o Código de Processo Civil impõe.

5.3.4. A concepção de José Augusto Delgado

José Augusto Delgado em seus estudos a respeito da coisa julgada, inicialmente ressalta a necessidade de a sentença observar os princípios constitucionais, sobretudo da legalidade e da moralidade, para ser considerada constitucional. Termos em que aduz o que segue:

> "O Estado, em sua dimensão ética, não protege a sentença judicial, mesmo transitada em julgado, que bate de frente, com os princípios da moralidade e da legalidade, que espelhe única e exclusivamente vontade pessoal do julgador e que vá de encontro à realidade dos fatos. A moralidade está ínsita em cada regra posta na Constituição e em qualquer mensagem de cunho ordinário ou regulamentar. Ela é comando com força maior e de cunho imperativo, reinando de modo absoluto sobre qualquer outro princípio, até mesmo sobre o da coisa julgada" [162].

Reconhecendo a possibilidade de relativização da coisa julgada, pondera o autor que conquanto a segurança jurídica deva ser imposta, a mesma deverá ceder quando princípios de maior hierarquia forem violados pela sentença já acobertada pela autoridade da coisa julgada, devendo prevalecer diante disso o sentimento do justo e da confiabilidade nas instituições.

Dessa forma, ressalta que a sentença não pode violar as regras impostas na Constituição, sobrepondo-se a esta, nem mesmo ir de encontro "aos caminhos da natureza", sendo mantida a decisão que determina, por exemplo, que alguém se seja filho de outrem,

---

[162] DELGADO, José Augusto. *Efeitos da coisa julgada e os princípios constitucionais*. Revista Virtual da AGU. Ano II, nº 06, de janeiro de 2001. p. 3. Disponível em: <http://www.agu.gov.br/sistemas/site/TemplateTexto.aspx?idConteudo=104464&id_site=1115&ordenacao=1 >. Acesso em: 21 out. 2011.

quando a ciência, por meio do exame de DNA, demonstra de forma induvidosa que não há vínculo de paternidade/filiação entre ambos.

Após expor uma amplíssima lista exemplificativa de casos em que a sentença prolatada caracteriza-se como injusta, ofensiva aos princípios da moralidade e da legalidade e atentatória à Constituição, na qual inclui as sentenças expedidas sem que o demandado tenha sido citado com as garantias legais, aquelas baseadas em fatos falsos depositados durante o curso da lide, entre outras, o autor afirma que essas sentenças nunca terão força de coisa julgada. Bem como que as mesmas "poderão a qualquer tempo, ser desconstituída, porque praticam agressão ao regime democrático no seu âmago mais consistente que é a garantia da moralidade, da legalidade, do respeito à Constituição e da entrega da justiça" [163].

No mais, no que tange à possibilidade de revisão da coisa julgada inconstitucional, manifesta-se em sentido afirmativo, sustentando a revisão da mesma em qualquer tempo, quando estiver eivada de vícios graves que alterem o estado natural das coisas ou produza prejuízos significativos, não amparado pelo direito, para uma das partes.

Por fim, defende José Augusto Delgado que a segurança jurídica, decorrente da coisa julgada, encontra-se atrelada aos princípios da razoabilidade e da proporcionalidade, podendo ser relativizada para garantir princípios constitucionais indispensáveis para a manutenção do regime democrático. Nesse sentido afirma:

> "a sentença trânsita em julgado pode ser revista, além do prazo para rescisória, quando a injustiça nela contida for de alcance que afronte a estrutura do regime democrático por conter apologia da quebra da imoralidade, da ilegalidade, do respeito à Constituição Federal e às regras da natureza" [164].

5.3.5. A concepção de Carlos Valder do Nascimento

[163] DELGADO, José Augusto. *Efeitos da coisa julgada e os princípios constitucionais*. Revista Virtual da AGU. Ano II, nº 06, de janeiro de 2001. p. 3. Disponível em: <http://www.agu.gov.br/sistemas/site/TemplateTexto.aspx?idConteudo=104464&id_site=1115&ordenacao=1>. Acesso em: 21 out. 2011. p. 16.

[164] *Ibid.* p. 22.

Inicialmente observa-se que para Carlos Valder do Nascimento, a coisa julgada em sua essência não emerge do direito constitucional, embora este por meio do art. 5º, XXXVI, preserve sua integridade, impedindo que lei superveniente modifique seu conteúdo, é no âmbito infraconstitucional – Código de Processo Civil – que estão traçadas as regras a respeito da *res iudicata*.

Nesta senda, sendo a coisa julgada de índole jurídico-processual sua intangibilidade poderá ser questionada, ainda que excepcionalmente, caso em que segundo o mesmo estar-se-ía operando no campo da nulidade, de modo que "nula é a sentença desconforme com os cânones constitucionais, o que desmistifica a imutabilidade da *res iudicata*" [165].

Carlos Valder, em consonância com Pontes de Miranda, acolhe a tese segundo a qual, não há princípio constitucional que seja absoluto, razão pela qual verifica que o princípio da inafastabilidade da coisa julgada pode ser relativizado diante de outros valores que lhe sejam superiores.

Ressaltando o até aqui exposto, o ilustre doutrinador afirma:

> "(...) nula é a sentença que não se adequa ao princípio da constitucionalidade, porquanto impregnada de carga lesiva à ordem jurídica. Impõe-se desse modo, sua eliminação do universo processual com vistas a restabelecer o primado da legalidade. Assim, não havendo possibilidade de sua substituição no mundo dos fatos e das idéias, deve ser decretada sua irremediável nulidade. Os mecanismos de manuseio da revisão criminal e da rescisória, operando em perfeita harmonia com a processualístia vigente, demonstram de modo insofismável, o acerto do ponto de vista aqui expendido" [166].

Ademais, salienta o ilustre autor que há simetria entre segurança e justiça, de modo que o conflito comumente apontado entre tais valores é tão somente aparente, sendo, diante disso, inadmissível fundamentar a impossibilidade de impugnação da coisa julgada inconstitucional com base na preservação da segurança jurídica. Isto porque a manutenção da mesma pode, por vezes, trazer maior insegurança, ao tornar imutável conteúdo (decisão) que vai de encontro a princípios basilares do nosso ordenamento

---

[165] NASCIMENTO, Carlos Valder do. *Por uma teoria da coisa julgada inconstitucional*. Rio de Janeiro: Editora Lumen Juris, 2005. p. 52.
[166] *Ibid.* p. 53.

jurídico, princípios estes que fundamentam a preservação do Estado Democrático de Direito, ao invés de proporcionar segurança propriamente dita para as relações.

Diante disso, defende a possibilidade, ainda que excepcional, de relativização da coisa julgada, quando está recair sobre sentença inconstitucional

Nessa perspectiva, Carlos Valder do Nascimento destaca que:

> "Transparece dissonante, nessa linha invocar-se a segurança jurídica para acolher a tese de que a coisa julgada faz do preto branco, ao se querer impingir-lhe o caráter de absolutividade de que não é revestida. Os princípios da moralidade, da justiça e da equidade devem ser realçados como apanágio de uma sociedade civilizada, de modo a realçar seu degrau de superioridade em confronto com os demais que povoam o ordenamento jurídico" [167].

Após reconhecer que a coisa julgada pode ser desconstituída quando a sentença não atentar para os comandos imperativos constitucionais, haja a vista a necessidade de adequá-la ao plano do justo, aponta o autor os instrumentos processuais aptos a realizar o controle da decisão inconstitucional após a formação da coisa julgada. Ressaltando, desde logo o autor que, os prazos prescricionais e decadenciais devem ser afastados na persecução desconstitutiva da coisa julgada inconstitucional.

Tratando dos mecanismos pertinentes para impugnar a coisa julgada inconstitucional, salienta o autor que a utilização da ação rescisória apesar de possível, não parece ser a melhor alternativa, visto que a mesma encontra limitação material, uma vez que somente poderá ser ajuizada dentro do prazo legal de dois anos após o trânsito em julgado da decisão, de modo que esgotado referido prazo, a mesma não será mais uma alternativa viável[168].

---

[167] NASCIMENTO, Carlos Valder do. *Por uma teoria da coisa julgada inconstitucional*. Rio de Janeiro: Editora Lumen Juris, 2005. p. 120.

[168] "O manejo da rescisória, com vistas ao enfrentamento da coisa julgada inconstitucional, não transparece ser a melhor solução para o caso. Uma, porque seu alcance não permite colher o efeito desejado, diante das hipóteses possíveis de sua utilização. Duas, porque encontraria obstáculo intransponível no plano do direito material, pelo fenômeno da preclusão ou, como na terminologia do processo, da decadência. Ultrapassada a possibilidade de recorrer-se à rescisória ou determinadas situações, tem-se por exequível lançar-se mão do ajuizamento de uma ação autônoma, tendo como causa de pedir a desconstituição da coisa julgada inconstitucional. Razoável supor que a postulação devesse ser instruída, tendo como parâmetros princípios aplicáveis a espécie, como, por exemplo, o da razoabilidade e de proporcionalidade". (*Ibid.* p. 10).

Ademais, em outra passagem de sua obra, de forma conclusiva, pondera o autor que em razão de ser a sentença inconstitucional nula, conforme doutrina majoritária no Brasil, "contra ela não cabe ação rescisória, por incabível lançar-se mão nos recursos previstos na legislação processual" [169].

Ante a inadequação da utilização da ação rescisória ou de sua impossibilidade (findo o prazo de dois anos), sugere que a sentença inconstitucional sobre a qual recai a autoridade da coisa julgada seja impugnada, independente do lapso temporal transcorrido, pela ação declaratória de nulidade da sentença (*querela nulitatis*), tendo em vista que a sentença inconstitucional "não perfaz a relação processual, em face do grave vício que a contaminou, inviabilizando, assim, seu trânsito em julgado". Objetivando-se, assim, por meio da *querela nulitatis* a anulação da sentença de mérito que fez coisa julgada inconstitucional.

A respeito aduz:

> "A *querela nulitatis* foi concebida com o escopo de atacar a imutabilidade da sentença convertida em *res iudicata*, sob o fundamento, consoante Moacyr Amaral Santos, de achar-se contaminada de vício que a inquinasse de nulidade, visando a um *iudicium rescinders*. Este, uma vez obtido, ficava o querelante na situação de poder colher uma nova decisão sobre o mérito da causa. A decisão judicial impugnada de injustiça, desse modo, posta contra expressa disposição constitucional, não pode prevalecer. Nesse caso, configurando o julgado nulo de pleno direito, tem cabimento a ação própria no sentido de promover sua modificação, com vistas a restaurar o direito ofendido. Contradiz a lógica do ordenamento jurídico a sentença que indo de encontro à Constituição, prejudica uma das partes da relação jurídico-processual." [170]

Acrescenta como instrumento apto para desconstituir o título sentencial eivado de nulidade os embargos à execução, por meio do qual a parte interessada poderá opor resistência ao processo executório, isso "independente de pronunciamento do Supremo Tribunal Federal, quer em sede de juízo concentrado ou difuso" [171], reconhecendo que não há vínculo entre a decisão do Supremo e a sentença definitiva.

---

[169] NASCIMENTO, Carlos Valder do. *Por uma teoria da coisa julgada inconstitucional*. Rio de Janeiro: Editora Lumen Juris, 2005. p. 166.
[170] *Ibid.* p. 171.
[171] NASCIMENTO, Carlos Valder do. *Por uma teoria da coisa julgada inconstitucional*. Rio de Janeiro: Editora Lumen Juris, 2005. p. 193.

Por fim, conquanto menos indicado, o autor não descarta a utilização da exceção de pré-executividade para impugnar a coisa julgada inconstitucional, sobretudo nos casos em que houver a impossibilidade de segurar o juízo.

5.3.6. A concepção de Ivo Dantas

Para Ivo Dantas, a coisa julgada encontra respaldo constitucional, sendo que os conceitos legais que a constituem são encontrados na Lei de Introdução ao Código Civil.

De acordo com este autor a coisa julgada inconstitucional não existe, isso porque declarada a inconstitucionalidade da lei ou ato normativo este seria inexistente, e a coisa julgada não poderia se formar a partir de algo inexistente.

Afirmando as razões de seu posicionamento no sentido da necessidade de declaração de inexistência da sentença inconstitucional, justamente para consagrar a segurança jurídica de todos em face do Estado, aduz:

> "A nós não convence o fato de que o elemento Tempo (...) seja suficiente para que permaneça intocável uma sentença inconstitucional, como se aquele tivesse o condão de corrigir a inexistência desta, razão pela qual entendemos que a sua correção (via novo pronunciamento judicial) em nada prejudicará o instituto da Segurança Jurídica, pois esta só poderá ser homenageada quando calcada na Constituição que, na condição de Lei Maior, torna imprestável toda Lei ou Ato (...) desconformes com seu ditame" [172].

Nessa perspectiva, observa que diante da coisa julgada inconstitucional – expressão utilizada, segundo o autor, em sentido mais retórico que teórico, ante a contradição que a mesma representa – não há que se falar em relativização ou flexibilização da mesma. Assim, os meios processuais utilizados para sua impugnação terão por fim apenas reconhecer, "através de novo pronunciamento, que a decisão rescindenda, juridicamente, nunca existiu, por estar calcada em Inconstitucionalidade" [173].

---

[172] DANTAS, Ivo. Coisa julgada inconstitucional: declaração judicial de inexistência. In: NASCIMENTO, Carlos Valder do; DELGADO, José Augusto (Org.). Coisa Julgada Inconstitucional. 2. ed. Belo Horizonte: Fórum, 2008. p. 262.

[173] DANTAS, Ivo. Coisa julgada inconstitucional: declaração judicial de inexistência. In: NASCIMENTO,

Pondera o autor, então, que o ordenamento jurídico brasileiro aponta três caminhos para a correção da coisa julgada inconstitucional. São eles: ação rescisória, mandado de segurança e a ação declaratória de nulidade absoluta da sentença.

Ivo Dantas defende o cabimento da ação rescisória nas hipóteses em lei ou ato normativo violar preceito constitucional, e haja decisão definitiva do Supremo Tribunal Federal a respeito da inconstitucionlidade da lei ou ato normativo, em sede de controle concentrado ou difuso, com fulcro no art. 485, V, do CPC,

Entretanto, nesses casos a ação rescisória não teria que se submeter ao prazo decadencial de dois anos fixado no art. 495 do CPC, justamente porque, nas palavras do autor, "(...) em se tratando de coisa julgada inconstitucional, o atentado à Constituição poderá ser invocado a qualquer momento e em qualquer instância ou Tribunal, pois se trata de decisão inexistente, por estar calcada em lei inconstitucional" [174].

Ademais, propõe o autor a ampliação das hipóteses de cabimento da ação rescisória, que não deveria limitar-se a aspectos formais do processo, devendo, na verdade valorizar a Constituição e a posição que esta ocupa em nosso ordenamento jurídico de norma suprema.

Como segundo mecanismo para atacar a coisa julgada inconstitucional indica o mandado de segurança, afirmando que enquanto não reconhecida a inexistência da sentença ou do acórdão em razão da inconstitucionalidade, ambos continuam figurando como ato ou decisão judicial[175].

Salienta o autor, na defesa da utilização do mandado de segurança para afastar a coisa julgada inconstitucional, já que as limitações constantes no inciso II, do art. 5, da lei 1.533/51, não forma recepcionadas pela Constituição de 1988. Isso porque, o princípio da universalidade da jurisdição, consagrado no inciso XXXV, art. 5º, da CF/88, não impõe nenhuma restrição à busca de um pronunciamento judicial, o mesmo ocorrendo nas

Carlos Valder do; DELGADO, José Augusto (Org.). *Coisa Julgada Inconstitucional*. 2. ed. Belo Horizonte: Fórum, 2008. p. 285.

[174] *Ibid.* p. 267.

[175] DANTAS, Ivo. Coisa julgada inconstitucional: declaração judicial de inexistência. In: NASCIMENTO, Carlos Valder do; DELGADO, José Augusto (Org.). *Coisa Julgada Inconstitucional*. 2. ed. Belo Horizonte: Fórum, 2008. p. 268.

regras constitucionais do *mandamus*. Ademais, verifica-se que quando a Constituição pretendeu estabelecer limites ou exceções aos direitos e garantias listados em seu art. 5º, o fez de forma explícita, não cabendo ao legislador ordinário prever quaisquer limitações, sob pena de serem inconstitucionais.

Por fim, no que tange, ao cabimento do mandado de segurança, o autor considera que o prazo fixado pela lei 1.533/51 para a interposição do mesmo (120 dias) não foi recepcionado pela Constituição vigente, estado, por isso, automatiamente revogado.

Nos casos em que a parte encontrar óbices na utilização da ação rescisória e do mandado de segurança, poderá a mesma, se valer, ainda, da ação declaratória de nulidade absoluta da sentença, nos termos dos arts. 4º e 5º do CPC.

Observa o autor que por vezes a doutrina e os tribunais limitam-se a admitir o uso da ação declaratória de nulidade absoluta da sentença quando se trata de matéria infraconstitucional, excluindo sua aplicação para impugnar a coisa julgada inconstitucional. O que para Ivo Dantas é um disparate.

Diante disso, tece as seguintes considerações:

> "O que não entendemos, não aceitamos, é que se admita todo o desmoronamento do sistema jurídico, como consequência do descumprimento da Constituição, após este ter sido reconhecido, por decisão definitiva em controle concentrado ou difuso, pelo órgão maior encarreado da Guarda da Constituição Federal, ou seja, o Supremo Tribunal Federal. (...) a relação jurídica ou decisão judicial fundamentada em norma inconstitucional, assim reconhecida por decisão posterior do STF, é relação jurídica ou decisão judicial inexistente, que não se curva ou se modifica nem mesmo frente à coisa julgada, a qual não traz em si o condão de sanar sua inexistência" [176].

No que tange a inovação introduzida no art. 741, parágrafo único do CPC, pela Medida Provisória nº 2.180-35/01, que traz a possibilidade de impugnar a coisa julgada inconstitucional por meio dos embargos à execução, Ivo Dantas, entende que embora consagrando o entendimento por ele defendido no sentido de as decisões das instâncias

---

[176] DANTAS, Ivo. Coisa julgada inconstitucional: declaração judicial de inexistência. In: NASCIMENTO, Carlos Valder do; DELGADO, José Augusto (Org.). Coisa Julgada Inconstitucional. 2. ed. Belo Horizonte: Fórum, 2008. p. 278.

inferiores guardarem compatibilidade com as decisões do Supremo para, assim, resguardar os preceitos constitucionaos, a MP em questão merece críticas por tratar-se de uma legislação casuística, isto é, criada para um caso em especial.

5.3.7. A concepção de Teresa Arruda Alvim Wambier e José Miguel Garcia Medina

De acordo com Teresa Arruda Alvim e José Miguel Garcia a ausência das condições da ação torna a sentença inexistente, de modo que sendo inexistente a ação, não será possível afirmar que as partes interessadas exerceram seu direito de ação, na verdade terá havido mero exercício do direito de petição, assegurado nos incisos XXXIV e XXXV da Constituição Federal.

Sendo assim, haveria que se falar em sentença existente se presentes as condições da ação, ou estando ao menos uma delas ausentes, fosse pronunciada tal ausência. Casos estes em que haveria, inclusive, formação da coisa julgada a impedir a repropositura da mesma demanda, sendo esta autorizada apenas se e quando fossem suficientemente sanados os vícios existentes[177].

Nessa perspectiva, afirmam que as sentenças inconstitucionais são sentenças que não transitam em julgado, justamente, porque as mesmas foram proferidas em processos instaurados por meio de mero exercício de direito de petição, não havendo que se falar em direito de ação ante a falta de possibilidade jurídica do pedido. E, por conseguinte, não transitando em julgado não há que recair sobre as sentenças inexistentes a autoridade da coisa julgada.

Tratando-se de sentença inexistente não haveria que se falar em desconstituição da mesma, contexto em que afirmam:

> "Assim, de fato, o manejo da ação rescisória, neste caso, apesar da letra da lei é prescindível. Na verdade, já que se trata de sentença juridicamente inexistente, que não tem aptidão para transitar em julgado, nada há de desconstituir-se. Há, isto sim, única e exclusivamente uma situação de inexistência jurídica a declarar-

---

[177] WAMBIER, Teresa Arruda Alvim. MEDINA, José Miguel Garcia. *O dogma da coisa julgada. Hipóteses de relativização.* São Paulo: Editora Revista dos Tribunais. 2003. p. 31-32.

se, por meio de ação que não fica sujeita a um lapso temporal pré-definido para ser movida" [178].

Observa-se assim, que na concepção desses autores a declaração de inconstitucionalidade proferida em ação direta declara a inexistência da lei ou ato normativo como se o mesmo jamais tivesse integrado o sistema jurídico positivo brasileiro, concepção esta minoritária em nosso ordenamento, haja vista que prevalece que a lei declarada inconstitucional é nula de pleno direito, tendo eficácia retroativa, em regra [179].

Assim, diante de lei inexistente, como já colacionado, apontam ser dispensável a utilização da ação rescisória, posto que não há o que ser rescindido, já que a própria sentença inexiste. Dessa forma, propõem que a parte interessada, sem a necessidade de se submeter ao prazo previsto no art. 495 do CPC, intente ação de natureza declaratória, para obter maior segurança jurídica em sua situação, ressalvando que há interesse de agir da parte, uma vez que tal declaração lhe será útil, ao tornar o assunto indiscutível, recaindo sobre o mesmo a autoridade da coisa julgada [180].

No que tange aos embargos à execução do art. 741, parágrafo único do CPC, que considera inexigível o título judicial fundado em lei ou ato normativo declarados inconstitucionais pelo Supremo Tribunal Federal, ou fundado em aplicação ou interpretação da lei ou ato normativo tidas pelo Supremo Tribunal Federal como incompatíveis com a Constituição Federal, registram os autores que ante a inexistência da sentença, não haverá que se falar em rescindibilidade da mesma. Diante disso, o intuito dos embargos à execução será a declaração de nulidade ou a descontituição do ato ao qual a norma atribuiu eficácia de título executivo.

Nesse sentido, esclarecem:

---

[178] WAMBIER, Teresa Arruda Alvim. MEDINA, José Miguel Garcia. *O dogma da coisa julgada. Hipóteses de relativização.* São Paulo: Editora Revista dos Tribunais. 2003. p. 39.

[179] Num dos trechos em que explicitam seu posicionamento, afirmam: "Não nos parece que à norma declarada inconstitucional por Ação declaratória de inconstitucionalidade deva tentar qualificar-se como sendo 'nula' ou 'anulável'. Declarada inconstitucional a norma jurídica, e tendo a decisão efeitos *ex tunc*, pensamos dever-se considerar como se a lei nunca tivesse existido. Na verdade, o ordenamento jurídico brasileiro 'só aceita' normas ompatíveis com a Constituição Federal" (*Ibid.* p. 46).

[180] WAMBIER, Teresa Arruda Alvim; MEDINA, José Miguel Garcia. *O dogma da coisa julgada. Hipóteses de relativização.* São Paulo: Editora Revista dos Tribunais. 2003. p. 43.

"Não se trata, segundo o que nos parece, de atribuir aos embargos à execução função 'rescindente', já que, rigorosamente, em casos assim, nada haverá a rescindir-se, pois decisão que se baseia em 'lei que não era lei' (porque incompatível com a Constituição Federal) não terá transitado em julgado porque, em princípio, terá faltado à ação uma de suas condições: a possibilidade jurídica do pedido. (...) Os embargos à execução, assim, nada mais são que ação movida pelo executado contra o exequente, via de regra com o objetivo de declarar a nulidade ou desconstituir o ato ao qual a norma atribuiu eficácia de título executivo" [181].

Por fim, registram que ante a ausência de título executivo, o juiz deveria se pronunciar de ofício, indeferindo a petição inicial. E, não tendo sido indeferida a inicial espontaneamente pelo magistrado, poderia a parte interessada provocar o mesmo a tanto, através do manejo da exceção de pré-executividade.

5.4.   INSTRUMENTOS DE CONTROLE DA COISA JULGADA INCONSTITUCIONAL

No presente trabalho, adota-se entendimento no sentido da possibilidade da impugnação da coisa julgada inconstitucional e, sendo o caso, da desconstituição da mesma.

Compreende-se aqui, que não há que se falar em princípios absolutos, razão pela qual haverá casos em que o princípio da intangibilidade da *res iudicata* terá que ceder frente a outros princípios que lhe sejam superiores.

Assim, em que pese à imutabilidade da *res iudicata* ter por fim garantir a estabilidade das relações jurídicas e a preservação do princípio da segurança jurídica, excepcionalmente, haverá casos em que a mesma deverá ser desconstituída em razão de a sentença sobre a qual recai estar contemplando conteúdo que afronta direta ou indiretamente os preceitos constitucionais.

Isso ocorre, pois em nosso ordenamento jurídico a Constituição opera como norma suprema da qual todas as outras normas retiram seu fundamento de validade.

---

[181] *Ibid.* p. 73.

Nesse prisma, a manutenção de uma sentença inconstitucional sobre a qual recai a autoridade da coisa julgada consiste em uma contradição em termos. Explico. A coisa julgada tem por fim conferir segurança jurídica às pessoas, nada obstante, a conservação de dita sentença inconstitucional acaba por comprometer todo o ordenamento jurídico, a conservação do Estado Democrático de Direito e o próprio princípio da segurança jurídica, visto que o descumprimento das normas constitucionais gera insegurança, em evidente ofensa, também, ao princípio da legalidade.

Indo além, observa-se que ao manter decisão inconstitucional, o poder judiciário estará indo de encontro à norma que lhe confere competência para atuar. O que demonstra um sério comprometimento para o ordenamento jurídico.

Por todo o exposto, defende-se aqui a relativização da coisa julgada inconstitucional. Ressalva-se, porém, que a impugnação e consequente relativização da coisa julgada inconstitucional possuem limites, sob pena de em não se impondo haver a banalização desse instituto.

Nessa ordem de idéias entende-se que a impugnação da coisa julgada inconstitucional poderá ser alegada a qualquer tempo, somente nos casos em que houver declaração de inconstitucionalidade da lei ou ato normativo sobre o qual se funda a sentença – isto é, a aplicação da lei seja a *ratio decidendi* da sentença impugnada - pelo Supremo Tribunal Federal em sede de controle concentrado de constitucionalidade, independente de a declaração ter ocorrido antes ou depois do trânsito em julgado da decisão.

Isso porque, nesses casos a declaração da inconstitucionalidade da lei ou ato normativo, que constitui a razão de decidir da sentença, será expressa, produzirá efeitos sobre toda a sociedade (*erga omnes*), efeios estes que serão retroativos (*ex tunc*), retirando do ordenamento jurídico o ato normativo ou a lei incompatível com a Constituição, bem como serão vinculantes em relação aos demais órgãos do poder judiciário e da administração pública.

Em razão de a impugnação da coisa julgada inconstitucional ilimitada temporalmente pressupor que a declaração de inconstitucionalidade de lei ou ato normativo produza efeitos retroativos, *erga omnes* e vinculante, nos casos em que o Supremo declarar a inconstitucionalidade da lei com efeitos prospectivos – modulação de efeitos – não será admitida a quebra da coisa julgada a qualquer tempo, caso em que a coisa julgada somente poderá ser desconstituída no prazo legal previsto para o ajuizamento da ação rescisória, sob o fundamento de violação direta ao conteúdo de lei, o que será detalhado adiante.

Por outro lado, não se admite a impugnação da coisa julgada inconstitucional sem limitação temporal, quando a declaração de inconstitucionalidade da lei ou ato normativo for realizada pelo Supremo Tribunal Federal em sede de controle difuso-concreto de constitucionalidade. Caso este em que a declaração de inconstituccionalidade da lei será arguida como causa de pedir, resolvida na fundamentação – não sendo acobertada pela autoridade da coisa julgada – e produzirá efeitos *ex tunc*, mas somente *inter partes*.

Entretanto, nos casos em que o Senado Federal "suspender a execução, no todo ou em parte, de lei declarada inconstitucional por decisão definitiva do Supremo Tribunal Federal" (art. 52, X, da Constituição), entende-se que será possível a impugnação da coisa julgada inconstitucional cuja sentença fundar-se na lei ou ato normativo declarado inconstitucional pelo Supremo em controle difuso que teve sua eficácia suspensa. Isso porque, também nesse caso, ao que se entende, a declaração de inconstitucionalidade da lei produzirá efeitos *erga omnes*, retroativos (*ex tunc*) e vinculantes.

Na realidade, em que pese os efeitos acima apontados e defendidos, a doutrina e a jurisprudência[182] pátria divergem a respeito dos efeitos produzidos pela "suspensão da execução" realizada pelo Senado Federal por meio de resolução[183].

---

[182] Ressalta-se que, conforme verificado por meio de pesquisa de jurisprudência, o Supremo Tribunal Federal ainda não definiu posicionamento sobre o tema. Tecendo considerações sobre o assunto o Ministro Gilmar Mendes afirmou que: "Na verdade, há uma disputa doutrinária sobre o significado dessa suspensão, e o Supremo, salvo engano, nunca se pronunciou sobre essa matéria" (ADI 15, Rel. Min. Sepúlveda Pertence, julgamento em 14-6-2007, Plenário, *DJ* de 31-8-2007.)

[183] A fim de evidenciar a divergência doutrinária apontada sobre a matéria, Clèmerson Merlin Clève aduz: "Por fim, cumpre verificar os efeitos produzidos pela resolução suspensiva do Senado. A questão é polêmica. Themístocles Brandão Cavalcanti, Oswaldo Aranha Bandeira de Mello, José Afonso da Silva, Nagib Slaibi Filho, Anna Cândida da Cunha Ferraz e Regina Machado Nery Ferrari entendem que a decisão do Senado produzirá efeitos unicamente a partir de sua edição, não apanhando, portanto, as situações jurídicas definidas sob a égide da lei anteriormente à sua manifestação. Não nos parece que seja assim. Segundo Gilmar Ferreira Mende, parecia 'evidente aos constituintes que a suspensão da execução da lei, tal como adotada em 1934, importava na extensão dos efeitos do aresto declaratório da inconstitucionalidade, configurando, inclusive, instrumento de economia processual'" (*apud* MOTTA FILHO, Sylvio Clemente; SANTOS, William Douglas Resinente dos. *Controle de constitucionalidade: uma abordagem teórica e jurisprudencial*. 2 ed. Rio de janeiro: Impetus, 2002 p. 193-194).

Parte da doutrina, entre os quais Pedro Lenza[184], entende que a resolução do Senado Federal só começa a vigorar no dia em que é publicada na Imprensa Oficial, produzindo efeitos a partir de então (*ex nunc*), razão pela qual a mesma não retroagirá para desconstituir as relações jurídicas já constituídas.

Diversamente, outros doutrinadores entre os quais se inclui Luís Roberto Barroso e Gilmar Ferreira Mendes, vislumbram que a suspensão da execução da lei ou ato normativo produz efeitos retroativos, de modo a desconstituir as relações jurídicas formadas sob a égide da lei ou ato normativo declarado inconstitucional pelo Supremo Tribunal Federal. Posição está que nos parece mais acertada.

Cumpre salientar, que parte da doutrina – sobretudo aqueles que conferem efeitos retroativos à resolução editada pelo Senado Federal para determinar a suspensão da execução da lei ou ato normativo declarados inconstitucionais pelo Supremo – com fulcro na teoria da transcedência dos motivos determinantes da sentença no controle difuso, entende que a exigência de manifestação do Senado é dispensável na conjuntura atual para que a declaração de inconstitucionalidade em controle difuso possa adquirir efeitos *erga omnes* e vinculante, sustentando que estes efeitos podem ser conferidos pelo próprio Supremo Tribunal Federal. Assim, pondera parcela da doutrina que a participação do Senado Federal nesse processo subsiste em nosso ordenamento jurídico apenas por razões históricas. Firmando seu posicionamento nesse sentido, Gilmar Mendes sustenta que:

"A exigência de que a eficácia geral da declaração de inconstitucionalidade proferida pelo Supremo Tribunal Federal em casos concretos dependa de decisão do Senado Federal, introduzida entre nós com a Constituição de 1934 e preservada na Constituição de 1988 (art. 52, X), perdeu parte do seu significado com a ampliação do controle abstrato de normas, sofrendo um processo de obsolescência. A amplitude conferida ao controle abstrato de normas e a possibilidade de que se suspenda, liminarmente, a eficácia de leis ou atos normativos, com eficácia geral, contribuíram, certamente, para que se mitigasse a crença na própria justificativa desse instituto, que se inspirava diretamente numa concepção de separação de poderes – hoje necessária e inevitavelmente ultrapassada. Se o Supremo Tribunal pode, em ação direta de inconstitucionalidade, suspender, liminarmente, a eficácia plena de uma lei, até mesmo de emenda constitucional, por que haveria a declaração de

[184] LENZA, Pedro. *Direito constitucional esquematizado*. 14. ed. São Paulo: Saraiva. 2010. p. 230.

inconstitucionalidade proferida no controle incidental, valer tão-somente para as partes? A única resposta plausível nos leva a acreditar que o instituto da suspensão pelo Senado, assenta-se hoje em razão exclusivamente histórica" [185].

Não concordamos, todavia, com o entendimento acima apresentado. Pois, havendo previsão expressa na Constituição, no mencionado art. 52, X, da necessidade de suspenção de execução da lei para que a declaração de inconstitucionalidade, em controle difuso, produza efeitos diante de toda a coletividade, não há como simplesmente ignorar a letra da lei buscando a intenção do constituinte. De modo que apenas após uma reforma constitucional, na qual sejam atribuídos efeitos *erga omnes* a declaração de inconstitucionalidade da lei no controle difuso, será possível dispensar a manifestação do Senado.

Ainda sobre a manifestação do Senado Federal, destaca-se, em consonância com os ensinamentos de Gilmar Mendes, que a intervenção da Câmara Alta para suspender a execução da lei somente ocorrerá nos casos em que as decisões do Supremo, no controle difuso, declararem a inconstitucionalidade da lei. Se tais decisões limitarem-se a fixar a orientação constitucional adequada e correta, adotar interpretação conforme a Constituição, com ou sem redução de texto ou declarar a inconstitucionalidade parcial sem redução do texto, não haverá que se falar em intervenção do Senado Federal, haja vista que as mesmas produzirão efeitos nos estritos limites subjetivos da relação processual, efeito este, por conseguinte, não vinculante[186].

Como visto, a posição aqui defendida permite a impugnação da coisa julgada a qualquer tempo desde que haja ofensa à Constituição reconhecida pelo Supremo nos termos em que afirmado acima.

Salienta-se, desde já, que há casos em que a impugnação à coisa julgada poderá ser feita independente de haver declaração de inconstitucionalidade de lei pelo Supremo Tribunal Federal, em qualquer dos tipos de controle de constitucionalidade. O que será possível desde que haja ofensa a preceitos constitucionais e que tais vícios sejam

---

[185] MENDES, Gilmar Ferreira. COELHO, Inocêncio Mártires. BRANCO, Paulo Gustavo Gonet. *Curso de direito constitucional.* 2. ed. rev. e atual. São Paulo: Saraiva, 2008. p. 1082. No mesmo sentido, é o pensamento de Luís Roberto Barroso (*O controle de constitucionalidade no direito brasileiro: exposição sistemática da doutrina e análise crítica da jurisprudência.* São Paulo: Saraiva. 2004. p. 92).
[186] MENDES, Gilmar Ferreira. COELHO, Inocêncio Mártires. BRANCO, Paulo Gustavo Gonet. *op. cit.* p. 1082.

apontados dentro do prazo de dois anos, a contar do trânsito em julgado da decisão, por meio da propositura de ação rescisória. Mecanismo este reconhecido, quase que unanimamente pela doutrina, para desconstituir a coisa julgada formada.

Feitas essas considerações, passemos a análise dos mecanismos propriamente ditos para a impugnação da coisa julgada inconstitucional, analisando, ainda que sucintamente, as peculiaridades de cada um deles. Vejamos.

5.4.1. Ação rescisória

A sentença a princípio admite duas formas de impugnação: os recursos e a as ações autônomas de impugnação, sendo que a ação rescisória constitui o exemplo clássico dessa segunda espécie. Distingue-se o recurso da ação rescisória, pois enquanto aquele se caracteriza como um prolongamento da ação já em curso, a ação rescisória, que constitui uma ação autônoma de impugnação, é manejada por meio da instauração de um novo processo.

Defindo a ação rescisória, Barbosa Moreira ensina que:

> "Chama-se rescisória a ação por meio da qual se pede a desconstituição de sentença trânsita em julgado, com eventual rejulgamento, a seguir, da matéria nela julgada. (...) Em nosso sistema, o traço distintivo consiste em que, através do recurso, se impugna a decisão no próprio processo em que foi proferida, ao passo que o exercício de ação autônoma de impugnação dá sempre lugar a outro processo" [187].

Objetiva a ação rescisória reparar uma injustiça[188] presente em sentença judicial já trânsita em julgado, quando o vício nela existente for tão grave que seja apto a afastar a intangibilidade da *res iudicata*.

---

[187] BARBOSA MOREIRA, José Carlos. *Comentários ao Código de Processo Civil*. Vol. V. 14. ed. rev. e atual. Rio de Janeiro: Forense. 2008. p. 100.

[188] O termo "injustiça" deve ser aqui entendido, em conformidade com as lições de Humberto Theodoro Júnior e Juliana Cordeiro de Faria como "um vício objetivamente considerado que macula o fundamento de validade da sentença". (THEODORO JÚNIOR, Humberto; FARIA, Juliana Cordeiro de. Reflexões sobre o princípio da intangibilidade da coisa julgada e sua relativização. In: NASCIMENTO, Carlos Valder do; DELGADO, José Augusto (Org.). *Coisa julgada inconstitucional*. 2. ed. Belo Horizonte: Fórum, 2008. p. 171).

As hipóteses em que é admitida a ação rescisória estão listadas no art. 485 do Código de Processo Civil, sendo objeto de rescisão justamente a "sentença de mérito transitada em julgado", o que abrange as decisões de qualquer grau de jurisdição, tais como sentenças em sentido estrito (art. 162, §1º do CPC) e acórdãos (art. 163 do CPC).

Entre as hipóteses listadas no art. 485 do CPC aptas a ensejar a propositura de ação rescisória, o legislador ordinário não incluiu a hipótese na qual a sentença transitada em julgado, sobre a qual recai a autoridade da coisa julgada, viola norma ou princípio constitucional. Isto é, não há previsão expressa na lei da utilização da ação rescisória para impugnar a coisa julgada inconstitucional.

Diante disso, a doutrina pátria entende que havendo violação à Constituição na sentença já trânsita em julgado, a mesma poderá ser rescindida com fulcro no inciso V, art. 485 do CPC, que prevê o cabimento da ação rescisória nos casos em que houver literal violação a disposição de lei.

Isto porque, entende-se que o termo "lei" deve ser interpretado em sentido amplo, incluindo, por conseguinte, a Constituição[189]. Ressalta-se nesse ponto, que tratando-se de violação à preceito constitucional, não terá incidência a súmula 343 do Supremo Tribunal Federal que preceitua o não cabimento de ação rescisória por ofensa a literal disposição de lei, nos casos em que a decisão rescindenda tiver se baseado em texto legal de interpretação controvertida nos tribunais.

Sustenta-se a aqui, salienta-se, a não aplicação desta súmula quando a ação rescisória tiver por objeto a coisa julgada inconstitucional, se a controvérsia existente nos tribunais tiver sido superada com a prevalência da tese contrária àquela adotada na sentença impugnada[190].

Confirmando o entendimento aqui adotado, colaciono o seguinte julgado do Supremo Tribunal Federal:

---

[189] Nesse sentido: BARBOSA MOREIRA, José Carlos. Comentários ao Código de Processo Civil. Vol. V. 14. ed. rev. e atual. Rio de Janeiro: Forense. 2008. p. 131).

[190] Nesse sentido, posicionam-se, entre outros, Pedro Eduardo Pinheiro Antunes de Siqueira (A coisa julgada inconstitucional. Rio de Janeiro: Renovar, 2006. p. 149-150); Humberto Theodoro Júnior e Juliana Cordeiro de Faria (NASCIMENTO, Carlos Valder do; THEODORO JÚNIOR, Humberto; FARIA, Juliana Cordeiro de. Coisa julgada inconstitucional: a questão da segurança jurídica. Belo Horizonte: Fórum, 2001. p. 202-204).

"Embargos de Declaração em Recurso Extraordinário. 2. Julgamento remetido ao Plenário pela Segunda Turma. Conhecimento. 3. É possível ao Plenário apreciar embargos de declaração opostos contra acórdão prolatado por órgão fracionário, quando o processo foi remetido pela Turma originalmente competente. Maioria. 4. Ação Rescisória. Matéria constitucional. Inaplicabilidade da Súmula 343/STF. 5. A manutenção de decisões das instâncias ordinárias divergentes da interpretação adotada pelo STF revela-se afrontosa à força normativa da Constituição e ao princípio da máxima efetividade da norma constitucional. 6. Cabe ação rescisória por ofensa à literal disposição constitucional, ainda que a decisão rescindenda tenha se baseado em interpretação controvertida ou seja anterior à orientação fixada pelo Supremo Tribunal Federal. 7. Embargos de Declaração rejeitados, mantida a conclusão da Segunda Turma para que o Tribunal a quo aprecie a ação rescisória"[191].

No que pertine ao prazo para a propositura da ação rescisória, o art. 495 do CPC estabelece que o direito de propor essa ação se extingue em dois anos, contados do trânsito em julgado da decisão.

De acordo com grande parte dos processualistas brasileiros, findo referido prazo decadencial para o ajuizamento da rescisória, a decisão tornar-se-á definitivamente irrescindível, independente da análise do vício que a atinge, de modo que a coisa julgada inconstitucional não mais será passível de impugnação, havendo, nos termos do Ministro Celso de Mello, a formação da "coisa soberanamente julgada" [192].

Como sinalizador desse entendimento, transcrevo os seguintes ensinamentos de Barbosa Moreira:

> "A segurança das relações sociais exige que a autoridade da coisa julgada, uma vez estabelecida, não fique demoradamente sujeita à possibilidade de remoção. Ainda quanto às sentenças eivadas de vícios muito graves, a subsistência indefinida da impugnabilidade, incompatível com a necessidade de certeza jurídica, não constituiria solução aceitável no plano da política legislativa, por mais que em seu favor se pretendesse argumentar com o mal que decerto representa a eventualidade de um prevalecimento definitivo do erro. O legislador dos tempos modernos, aqui e alhures, tem visto nesse o mal *menor*. Daí a fixação de prazo para a impugnação; decorrido certo lapso de tempo, a sentença torna-se imune a qualquer ataque" [193].

---

[191] RE 328812 ED, Relator(a): Min. GILMAR MENDES, Tribunal Pleno, julgado em 06/03/2008, DJe-078 DIVULG 30-04-2008 PUBLIC 02-05-2008 EMENT VOL-02317-04 PP-00748 RTJ VOL-00204-03 PP-01294 LEXSTF v. 30, n. 356, 2008, p. 255-284.

[192] RE 594350, Relator(a): Min. CELSO DE MELLO, julgado em 25/05/2010, publicado em DJe-105 DIVULG 10/06/2010 PUBLIC 11/06/2010.

[193] BARBOSA MOREIRA, José Carlos. Comentários ao Código de Processo Civil. Vol. V. 14. ed. rev. e atual. Rio de Janeiro: Forense. 2008. p. 217.

Ante essas considerações, entende-se no presente trabalho – concordando com o entendimento doutrinário apresentado apenas em termos, quanto à observância do prazo –, que a utilização da ação rescisória somente será o mecanismo adequado para impugnar a sentença trânsita em julgado ofensiva aos preceitos constitucionais no prazo decadencial de dois anos, contado do trânsito em julgado da decisão, isto porque há regra expressa nesse sentido no art. 495 do CPC.

Nada obstante, compreende-se que ainda que o manejo da ação rescisória após o termo *ad quem* do prazo decadencial seja a via inadequada para a impugnação da coisa julgada inconstitucional, em razão dos princípios da celeridade, da economia processual e da instrumentalidade das formas, deverá ser aplicado o princípio da fungibilidade para que a ação rescisória seja recebida como ação declaratória de nulidade, que como será visto adiante, mostra-se como o mecanismo adequado para realizar a quebra da coisa julgada após o prazo de dois anos, desde que haja precedente vinculante do Supremo Tribunal Federal declarando a inconstitucionalidade da lei, seja em sede de controle concentrado de constitucionalidade, ou quando no controle difuso, houver a suspensão da execução da lei ou ato normativo declarado inconstitucional por meio de resolução editada pelo Senado Federal.

A respeito da aplicação do princípio da fungibilidade entre os remédios processuais afirmam Teresa Arruda Alvim Wambier e José Miguel Garcia Medina que:

> "A razão de ser do princípio da fungibilidade é, a toda evidência, a de que a parte não sofra prejuízos decorrentes muito comumente da falta de clareza da lei, que se reflete na falta de unanimidade da doutrina e na jurisprudência quanto a qual seria o recurso correto para impugnar tal decisão. Ora evidentemente, a mesma razão comparece em muitos outros casos em que à parte são oferecidos diversos caminhos (na verdade, basta que sejam dois...) para se chegar a um mesmo lugar" [194].

Ressalta-se, ainda no que pertine à possibilidade de aplicação do princípio da fungibilidade para receber a ação rescisória como ação declaratória de nulidade, que a

---

[194] WAMBIER, Teresa Arruda Alvim; MEDINA, José Miguel Garcia. Meios de impugnação das decisões transitadas em julgado. In: NASCIMENTO, Carlos Valder do; DELGADO, José Augusto (Org.). *Coisa julgada inconstitucional*. 2. ed. Belo Horizonte: Fórum, 2008. p. 333.

questão da competência para o julgamento de cada uma dessas ações não constitui um impedimento para tanto.

Isso porque, embora a ação rescisória seja de competência originária de tribunal[195] e ação declaratória de nulidade da competência do órgão prolator da decisão, tratando-se de regra de competência absoluta deverá o órgão diante do qual a ação foi proposta remeter os autos para o juízo competente, não importando, assim, na extinção do processo.

Ratificando o entendimeno aqui exposto, transcrevo a ementa do seguinte julgado do Superior Tribunal de Justiça, no qual resta claro a possibilidade de aplicação do princípio da fungibilidade para receber a ação rescisória como ação declaratória de nulidade. Vejamos:

> "PROCESSUAL CIVIL. EMBARGOS DE DECLARAÇÃO. OMISSÃO VERIFICADA. AÇÃO RESCISÓRIA. AUSÊNCIA DE CITAÇÃO DE LITISCONSORTE PASSIVO NECESSÁRIO. HIPÓTESE DE QUERELA NULLITATIS. REMESSA DOS AUTOS AO JUÍZO COMPETENTE.
> 1. **Ao extinguir a presente ação rescisória sem resolução de mérito, o acórdão ora embargado fundou-se no não cabimento de ação rescisória para declarar nulidade de julgado por ausência de citação, considerando que a hipótese dos autos não se enquadra no rol taxativo do art. 485 do CPC. Decidiu-se, assim, que a desconstituição do acórdão proferido nos autos do Recurso Especial n. 8.818/PE somente poderia ser postulada pelo autor por meio de ação declaratória de inexistência de citação, denominada querela nullitatis.** Opostos embargos de declaração, foram acolhidos, sem efeitos modificativos, apenas para esclarecer que não está autorizada a aplicação dos princípios que norteiam o sistema de nulidades no direito brasileiro, em especial os da fungibilidade, da instrumentalidade das formas e do aproveitamento racional dos atos processuais, para que a rescisória seja convertida em ação declaratória de inexistência de citação, máxime quando inexiste competência originária do Superior Tribunal de Justiça para apreciar aquela ação cognominada querela nullitatis.

---

[195] A respeito discorre Barbosa Moreira: "Não traça o Código de 1973 regras específicas sobre a competência para a ação rescisória. Do texto de vários dispositivos do presente Capítulo, bem como da sua inserção no Título IX, sob a rubrica "Do processo nos tribunais", ressalta que o legislador concebeu como competene, sempre um *tribunal* entendida aqui esta palavra no sentido de órgão colegiado, a que normalmente cabe o exercício da jurisdição em grau superior (...). Entre nós, hoje, à vista da disciplina constante do Código, mesmo as sentenças emanadas de órgão de primeiro grau só por tribunais podem ser rescindidas" *(Comentários ao Código de Processo Civil.* Vol. V. 14. ed. rev. e atual. Rio de Janeiro: Forense. 2008. p. 201-202).

2. Verificada a omissão do julgado quanto à possibilidade de remessa dos autos ao juízo competente para julgamento da ação declaratória de inexistência de citação.

3. Apesar de imprópria a ação rescisória intentada e da incompetência desta Corte para apreciar e julgar a matéria, verifica-se que foi instalado o litígio, com a citação da parte ex adversa para ofertar contestação, oportunidade na qual a ré, além de suscitar questões preliminares referentes ao cabimento da ação rescisória, apresentou defesa das questões de mérito, postulando a manutenção do acórdão que a autora intentou rescindir. Oportunizou-se, ainda, às partes a produção de prova, e, após o saneamento do feito, abriu-se prazo para apresentação de razões finais, seguindo-se a intervenção do Ministério Público Federal, que opinou pela procedência do pedido.

4. **Com esse panorama de desenvolvimento do processo, tendo a finalidade dos referidos atos aqui praticados sido alcançada, o aproveitamento desses atos na eventual ação declaratória de inexistência de citação não apresenta prejuízo para qualquer das partes. Por tal razão, permite-se a aplicação ao caso dos princípios da instrumentalidade das formas e do aproveitamento racional dos atos processuais, que norteiam o sistema das nulidades no direito brasileiro, incidindo as normas insertas nos arts. 244 e 249, § § 1º e 2º, do CPC.**

5. **Impende considerar, ainda, que a simples extinção do processo sem resolução do mérito fundada na inadmissão da ação rescisória, com o arquivamento dos presentes autos, configura, como bem exposto nos presentes embargos de declaração, desrespeito aos princípios da celeridade e economias processuais, pois o não aproveitamento dos atos processuais validamente praticados na nova ação a ser iniciada no juízo competente demandará maior dispêndio de tempo e atividade jurisdicional, ainda mais em se tratando de ação rescisória iniciada em abril de 1997.**

6. **Demonstra-se, portanto, oportuna a mitigação do rigor formal, a fim de se autorizar o aproveitamento dos atos processuais aqui praticados. Sendo assim, cabível o envio dos presentes autos ao Juízo Federal da Seção Judiciária em Recife, no Estado de Pernambuco, a fim de que a presente ação seja reautuada como ação declaratória de inexistência de citação.**

7. Embargos de declaração acolhidos, sem efeitos infringentes" [196].

Feitas as devidas considerações, em suma, defende-se aqui a utilização da ação rescisória para impugnar a coisa julgada inconstitucional, sendo que a utilização deste mecanismo se limitará ao período de dois anos após o trânsito em julgado da decisão, independente da existência de precedente vinculante do Supremo Tribunal Federal

---

[196] EDcl nos EDcl na AR .569/PE, Rel. Ministro MAURO CAMPBELL MARQUES, PRIMEIRA SEÇÃO, julgado em 24/08/2011, DJe 30/08/2011.

declarando a inconstitucionalidade da lei sobre a qual se funda a sentença acobertada pela *res iudicata*. Com a ressalva de que mesmo sendo a via inadequada, após esgotado o prazo decadencial de dois anos, a mesma, se proposta, em razão dos princípios da celeridade, da economia processual, da instrumentalidade das formas e da fungibilidade, deverá ser recebida como ação declaratória de nulidade e seus autos remetidos para o juízo competente.

5.4.2. Embargos à execução e impugnação ao cumprimento de sentença

A Medida Provisória 2.180-35/01, por meio de seu art. 10, introduziu no art. 741 do CPC (parágrafo único) regra segundo a qual para os fins de execução judicial "considera-se também inexigível o título judicial fundado em lei ou ato normativo declarados inconstitucionais pelo Supremo Tribunal Federal ou em aplicação ou interpretação tidas por incompatíveis com a Constituição Federal".

Observa-se, assim, que a coisa julgada inconstitucional, constitui causa de inexigibilidade do título executivo judicial, tendo sido consagrado expressamente por meio de lei, a possibilidade de sua impugnação através dos embargos à execução.

Ocorre que dita Medida Provisória (que sofreu várias reedições) teve sua constitucionalidade questionada tanto em razão de aspectos materiais quanto formais. Diante da análise da ADI nº 1.753/DF, referente à MP nº 1.577-6/97, por exemplo, o Supremo Tribunal Federal, considerou que referida norma não cumpria o requisito de urgência disposto no art. 62 da Constituição, haja vista que não poderia atingir as decisões já transitadas em julgado[197].

Cessando as controvérsias a respeito da constitucionalidade do parágrafo único do art. 741 do CPC, incluído pela Medida Provisória 2.80-35/01, sob a alegação de falta do requisito de urgência da mesma, em 23 de dezembro de 2005 foi publicada a Lei 11.232/05, que repetiu a regulação prevista na MP em análise, inserindo no CPC o parágrafo único do art. 741, bem como o §1º, do art. 475-L.

---

[197] SIQUEIRA, Pedro Eduardo Pinheiro Antunes de. *A coisa julgada inconstitucional*. Rio de Janeiro: Renovar, 2006. p. 172-173.

Persiste, porém, polêmica doutrinária diante destes dispositivos, sobretudo no que tange à constitucionalidade no seu aspecto material, pois, há autores que questionam a possibilidade de quebra da coisa julgada, bem como há divergência entre aqueles que reputam constitucional a utilização dos embargos à execução e da impugnação ao cumprimento de sentença quanto à aplicação desses mecanismos.

Os que questionam a constitucionalidade desses dispositivos, em seu aspecto material, o fazem por considerar o princípio da imutabilidade da coisa julgada absoluto, devendo este prevalecer sobre os demais. Lado outro, entre os defensores da relativização da coisa julgada – que propugnam a primazia do princípio da supremacia da Constituição – há doutrinadores que defendem de forma mais fervorosa a mitigação do instituto, como Humberto Theodoro Ferraz Júnior, que sustenta a impossibilidade de execução das sentenças inconstitucionais, afirmando ser válida a utilização dos embargos à execução e da impugnação ao cumprimento de sentença, tanto nos casos em que houver pronunciamento do STF a respeito da inconstitucionalidade da lei ou ato normativo em controle concentrado, quanto no controle difuso de constitucionalidade, ao passo que outros consideram a aplicação destes dispositivos de forma mais restrita, de modo a considerar que os mesmos somente poderão ser utilizados quando houver declaração de inconstitucionalidade em controle concentrado e, desde que, com efeitos retroativos (*ex tunc*).

Em que pese à divergência a respeito da utilização dos embargos à execução e da impugnação ao cumprimento de sentença para alegar a inexigibilidade do título judicial fundado em lei ou ato normativo declarados inconstitucionais pelo Supremo Tribunal Federal ou cuja interpretação ou aplicação tenha sido considerada incompatível com a Carta Suprema, entendemos ser constitucional e adequada utilização destes mecanismos para afastar a coisa julgada inconstitucional em sede de execução.

Entretanto, conforme já apresentado, sustenta-se neste trabalho que a utiização dos mecanismos indicados somente será possível nos casos em que o título judicial estiver fundado em lei ou ato normativo declarados inconstitucionais pelo Supremo Tribunal Federal, ou em aplicação ou interpretação de lei tidas pelo próprio Supremo como incompatíveis com a Constituição, em sede de controle concentrado de constitucionalidade, e nos casos de controle difuso, quando o Senado Federal atribuir suspensão da execução da lei declarada inconstitucional. Haja vista que apenas nestes casos a declaração de inconstitucionalidade produzirá efeitos que atingirão toda a coletividade (*erga omnes*), serão retroativos (*ex tunc*) e vinculantes.

Nessa perspectiva, afasta-se a utilização destes mecanismos quando estivermos diante de declaração de inconstitucionalidade pelo Supremo Tribunal Federal com efeitos prospectivos, pois nesse caso embora a declaração atinja a todos e seja vinculante, os efeitos da mesma não serão retroativos, aplicando-se somente a partir da publicação da decisão ou de outro momento no futuro delimitado pela própria Corte Suprema.

Dissertando sobre a utilização dos embargos à execução e da impugnação na conjuntura atual, Gilmar Mendes pondera:

> "(...) ressalvada a hipótese de uma declaração de inconstitucionalidade com limitação de efeitos (art. 27 da Lei nº 9.868/99), a declaração de inconstitucionalidade (com eficácia *ex tunc*) em relação a sentenças já transitadas em julgado poderá ser invocada, eficazmente, tanto em ação rescisória como nos embargos à execução, movidos pela Fazenda Pública, ou nas impugnações efetivadas por particulares. Vê-se, pois, que com a adoção do novo modelo normativo, ampliou-se a possibilidade de impugnação dos atos concretos inconstitucionais, especialmente das sentenças ou decisões judiciais fundadas em leis inconstitucionais ou em interpretação tida por incompatível com a Constituição" [198].

Cumpre salientar, que no projeto do novo Código de Processo Civil (Lei nº 8.046/2010) que atualmente tramita na Câmara dos Deputados, a matéria relativa à coisa julgada inconstitucional se mantém como defesa manejável contra o cumprimento de sentença transitada em julgado, conforme dispõe o seu art. 511, §5º. Tendo sido limitada a utilização da impugnação aos casos em que a inconstitucionalidade da lei ou ato normativo seja declarada por meio do controle concentrado de constitucionalidade ou nos casos em que a norma tiver sua execução suspensa pelo Senado Federal, de modo que se for aprovado referido projeto com a manutenção deste dispositivo nos termos em que redigido atualmente, será consagrada a interpretação aqui defendida. Nesse sentido prescreve o art. 511, §5º do referido projeto de lei que:

---

[198] MENDES, Gilmar Ferreira. Coisa Julgada Inconstitucional: considerações sobre a declaração de nulidade da lei e as mudanças introduzidas pela Lei nº 11.232/05. In: NASCIMENTO, Carlos Valder do; DELGADO, José Augusto (Org.). *Coisa julgada inconstitucional*. 2. ed. Belo Horizonte: Fórum, 2008. p. 102.

"Para efeito do disposto no inciso III do caput deste artigo, considera-se também inexigível o título judicial fundado em lei ou ato normativo declarados inconstitucionais pelo Supremo Tribunal Federal, ou fundado em aplicação ou interpretação da lei ou ato normativo tidas pelo Supremo Tribunal Federal como incompatíveis com a Constituição da República em controle concentrado de constitucionalidade ou quando a norma tiver sua execução suspensa pelo Senado Federal"[199].

Ademais, confere-se destaque, também, para a redação do §6, do mesmo art. 511 do projeto do novo Código de Processo Civil que permite a modulação dos efeitos temporais da decisão que acolher a impugnação ao cumprimento de sentença em que for alegada a inexigibilidade do título judicial fundado em lei ou ato normativo declarado inconstitucional pelo Supremo Tribunal Federal em atenção à segurança jurídica.

Assim, vislumbro ser admissível à parte interessada opor embargos à execução ou apresentar impugnação ao cumprimento de sentença, nas execuções contra a Fazenda Pública e nas demais formas de execução judicial, respectivamente, para alegar a inexigibilidade do título judicial quando fundado em lei ou ato normativo declarados inconstitucionais pelo Supremo Tribunal Federal ou fundado em aolicação ou interpretação de lei ou ato normativos tidas pelo próprio Supremo como incompatíveis com a Constituição, em sede de controle concentrado ou no caso de controle difuso, somente nos casos em que aplicado o art. 52, X, da Carta Suprema, nos quais a declaração de inconstitucionalidade produza efeitos *erga omnes*, *ex tunc* e vinculantes.

5.4.3. Ação declaratória de nulidade absoluta da sentença (*Querela Nullitatis*)

A *querela nullitatis* surgiu no direito intermédio, a partir da análise dos institutos processuais romanos, para impugnar a sentença independente de recurso, sendo apontada como a origem das ações autônomas de impugnação.

A respeito da origem histórica desse mecanismo, esclarece Barbosa Moreira:

---

[199] Disponível em: <http://www.camara.gov.br/proposicoesWeb/fichadetramitacao?idProposicao=490267>. Acesso em: 23 nov. 2011.

"Foi no direito intermédio, nos estatutos italianos, por influência dos elementos germânicos misturados ao de origem romana, que se julgou necessário criar, para a denúncia dos *errores in procedendo*, um remédio especial, a *querela nullitatis*, exercitável de modo autônomo, não propriamente como ação, mas simples imploratio *officii iudicis*. Esse remédio comportava duas modalidades: a *querela nullitatis sanabilis* e a *querela nullitatis insanabilis*. Na maioria dos ordenamentos europeus, a primeira foi pouco a pouco absorvida pela apelação, e a segunda acabou desaparecendo, de modo que os motivos de invalidação da sentença passaram a ter de alegar-se por meio de recurso, sob pena de ficarem preclusos com o esgotamento das vias recursais"[200].

Conforme observado acima, a *querela nullitatis* desdobrava-se em duas espécies, a *querela nullitatis sanabilis*, utilizada para impugnar os *errores in procedendo* de natureza menos grave e que posteriormente, nos sistemas modernos passou a ser absorvida pela apelação; e, a *querela nullitatis insabilis* voltada a desconstituir aqueles vícios de natureza formal graves, mesmo após o trânsito em julgado da decisão, que após transformou-se em outros remédios processuais[201].

Pois bem. Entende-se, com fulcro na doutrina de Carlos Valder do Nascimento[202], Ivo Dantas[203], entre outros, bem como na jurisprudência pátria, que sobrevive no direito brasileiro o instituto da *querela nullitatis insanabilis*, que poderá ser utilizada para impugnar a existência de erros graves cometidos no âmbito da jurisdição que não são sanados "com a preclusão temporal e sobrevivem à formação da coisa julgada"[204].

Ocorre que para alguns doutrinadores e Tribunais, a utilização de ação declaratória de nulidade apenas é possível e admissível quando se estiver diante de matéria infraconstitucional, por exemplo, como frequentemente citado, a mesma será cabível nos casos em que houver o descumprimento do art. 214 do CPC que preceitua ser

---

[200] BARBOSA MOREIRA, José Carlos. *Comentários ao Código de Processo Civil*. Vol. V. 14. ed. rev. e atual. Rio de Janeiro: Forense. 2008. p. 101.

[201] SIQUEIRA, Pedro Eduardo Pinheiro Antunes de Siqueira. *A coisa Julgada Inconstitucional*. Rio de Janeiro: Renovar, 2006. p. 201.

[202] NASCIMENTO, Carlos Valder do. *Por uma teoria da coisa julgada inconstitucional. Rio de Janeiro: Editora Lumen Juris, 2005.* p. 166-171.

[203] Ivo Dantas defende que a utilização da ação declaratória de nulidade absoluta da sentença tem, inclusive, base legal, qual seja, os artigos 4º e 5º do Código de Processo Civil (DANTAS, Ivo. Coisa julgada inconstitucional: declaração judicial de inexistência. In: NASCIMENTO, Carlos Valder do; DELGADO, José Augusto (Org.). *Coisa julgada inconstitucional*. 2. ed. Belo Horizonte: Fórum, 2008. p. 276-280).

[204] MACEDO. Alexander dos Santos. *Da querela nullitatis: sua subsistência no direito brasileiro*. 2ª ed. Rio de Janeiro: Lumen Juris, 2000. p. 50.

indispensável a citação inicial do réu para a validade do processo. Nesse caso, independentemente do prazo, admitir-se-á a ação declaratória de nulidade.

Discordamos com a restrição preceituada por parcela da doutrina e jurisprudência no sentido de limitar o cabimento da ação declaratória de nulidade somente quando diante de matérias infraconstitucionais.

Pois, vislumbramos ser possível a utilização da ação declaratória de nulidade (*querela nullitatis*) também nos casos em que a sentença já transitada em julgada contiver ofensa grave aos preceitos constitucionais e, desde que, haja declaração de inconstitucionalidade da lei ou ato normativo sobre a qual referida sentença se funda, realizada pelo Supremo Tribunal Federal em sede de controle concentrado de constitucionalidade, ou tratando-se de controle difuso, houver a edição de resolução do Senado Federal suspendendo a execução da lei declarada inconstitucional. Casos estes em que a declaração de inconstitucionalidade produzirá efeitos abrangentes sobre toda a sociedade, retroativos e vinculantes.

5.5. MANDADO DE SEGURANÇA

O mandado de segurança é uma das garantias constitucionais – ou remédio constitucional – existentes para assegurar a observância e realização dos direitos fundamentais.

A Constituição em seu art. 5º, LXIX, assim dispõe:

> "conceder-se-á mandado de segurança para proteger direito líquido e certo, não amparado por "habeas-corpus" ou "habeas-data", quando o responsável pela ilegalidade ou abuso de poder for autoridade pública ou agente de pessoa jurídica no exercício de atribuições do Poder Público".

Divergia a doutrina adepta à mitigação da coisa julgada inconstitucional, sobre a possibilidade de utilização do mandado de segurança para afastá-la, sob a égide da lei 1.533/51. Isso porque referida lei em seu art. 5º, inciso II, determinava, entre outros casos, que não seria cabível o *mandamus* diante de despacho ou decisão judicial, quando houvesse recurso previsto nas leis processuais ou pudesse ser modificado por via de correição.

Diante disso, parte da doutrina, por meio de uma interpretação a *contrario sensu* do referido dispositivo, vislumbrava ser possível a impetração de mandado de segurança quando se tratasse de decisão judicial já trânsita em julgado. De forma que nem mesmo a súmula 268 do Supremo Tribunal Federal que afirmava expressamente que "Não cabe mandado de segurança contra decisão judicial com trânsito em julgado" impedia manifestações no sentido de sua possibilidade, isso porque apesar de haver regra expressa, a própria Corte Suprema, como ponderado por Sérgio Ferraz "às vezes a desconsidera, não só a vista de certas situações de dano irreparável de monta, mas também de manifesta ilegalidade, notadamente extrínseca do ato judicial" [205].

Assim ante o abrandamento da súmula pelo próprio Supremo, excepcionalmente admitia-a a utilização do *mandamus* para impugnar ato judicial até mesmo já transitado em julgado.

Em que pese à discussão travada pela doutrina quanto à possibilidade de impetrar mandado de segurança contra decisão judicial transitada em julgado, especialmente para desconstituir a coisa julgada inconstitucional, entendemos que tal discussão não mais subsiste, haja vista que a lei 12.016/09 tratou de estabelecer expressamente em seu art. 5º os casos em que não será possível conceder mandado de segurança, incluindo entre eles os casos em que houver decisão judicial transitada em julgado. Dispositivo este que ante a importância que representa para a presente análise, colaciono:

> Art. 5º Não se concederá mandado de segurança quando se tratar:
> I - de ato do qual caiba recurso administrativo com efeito suspensivo, independentemente de caução;
> II - de decisão judicial da qual caiba recurso com efeito suspensivo;
> III - de decisão judicial transitada em julgado.

Ademais, confirmando o exposto, o Supremo Tribunal Federal, há muito já fixou entendimento no sentido de ser inadimissível a impetração de mandado de segurança em

---

[205] FERRAZ, Sérgio. *Mandado de segurança (individual e coletivo): aspectos polêmicos.* 3 ed. São Paulo: Malheiros, 1996. p. 101.

face de decisão judicial já transitada em julgado. A corroborar esse entendimento cito o recentíssimo julgado:

> "Agravo regimental em mandado de segurança. Impetração voltada contra acórdão proferido por Turma desta Suprema Corte e já transitado em julgado. Inadmissibilidade. 1. Está assentado na jurisprudência do Supremo Tribunal Federal, há muitos anos, o entendimento de que não cabe mandado de segurança contra decisão judicial transitada em julgado. 2. Fatos referentes ao processo de que decorre a impetração mostram-se irrelevantes para fundamentar a irresignação deduzida contra orientação sumulada desta Corte sobre o tema. 3. Agravo regimental manifestamente infundado, ao qual se nega provimento, com aplicação de multa"[206].

Diante dos argumentos apresentados, reputa-se não ser o mandado de segurança, na conjuntura atual, um mecanismo adequado para impugnar e, eventualmente, desconstituir a coisa julgada inconstitucional existente, devendo, portanto, o interessado recorrer a outros meios, tais como a ação rescisória, os embargos à execução, a impugnação ao cumprimento de sentença, bem como a ação declaratória de nulidade, atentando-se para as peculiaridades de cada um desses instrumentos, conforme já tratado neste trabalho.

5.6. EFEITOS DA DECISÃO QUE RECONHECE A INCONSTITUCIONALIDADE DA COISA JULGADA

No Brasil prevalece a concepção segundo a qual a lei declarada inconstitucional, tanto no controle concentrado quanto no controle difuso de constitucionalidade, é nula de pleno direito, sendo extirpada do ordenamento jurídico, produzindo tal declaração efeitos retroativos, isto é, *ex tunc*.

Diante disso, questiona-se: sendo declarada inconstitucional a lei ou ato normativo sobre o qual se fundamenta uma sentença já transitada em julgada, a decisão em sede de ação rescisória, embargos à execução, impugnação ao cumprimento de sentença ou ação declaratória de nulidade que reconhece a existência da coisa julgada inconstitucional produzirá também efeitos retroativos?

---

[206] MS 27533 AgR, Relator(a): Min. DIAS TOFFOLI, Tribunal Pleno, julgado em 01/08/2011, DJe-172 DIVULG 06-09-2011 PUBLIC 08-09-2011 EMENT VOL-02582-01 PP-00143.

Pois bem. A doutrina de modo geral não trata expressamente a respeito dessa questão, razão pela qual serão aqui apresentadas as lições e reflexões propostas por Humberto Theodoro Júnior e Juliana Cordeiro de Faria.

De acordo com estes autores a admissão da desconstituição da *res iudicata* que confere o caráter de imutável à sentença que contraria preceitos constitucionais impõe uma reflexão a respeito da tese da irrestrita eficácia *ex tunc* da declaração de inconstitucionalidade.

Nessa perspectiva, ressaltam os autores que ao se conferir eficácia retroativa as sentenças que reconhecem o vício da coisa julgada inconstitucional surgirão sérias e graves consequência no âmbito da segurança jurídica e, tratando-se de matéria fiscal, por exemplo, restará ofendido o princípio do não confisco[207].

Desta feita, referidos autores fixam posicionamento no seguinte sentido:

> "Entendemos que em hipótese alguma poderá se emprestar efeito retroativo à deliberação tomada em qualquer dos instrumentos processuais em que questionada a existência de coisa julgada inconstitucional"[208].

Posicionamento este formado sob o argumento de que até mesmo nas decisões judicias proferidas pelo Supremo Tribunal Federal em sede de controle concentrado de constitucionalidade a eficácia retroativa de tais decisões não é absoluta, podendo ser conferido efeitos prospectivos, alcnçndo somente as relações supervenientes à decisão (*ex nunc*), em nome da proteção a segurança jurídica, conforme dispõe o art. 27 da lei 9.868/99.

Assim, por ser o princípio da segurança jurídica um princípio próprio da República Federativa do Brasil, consagrado no preâmbulo de nossa Constituição, faz-se necessário a análise do caso concreto antes de ser fixada a amplitude dos efeitos da decisão que desconstituir a sentença inconstitucional já transitada em julgado, não podendo haver, em razão disso, soluções preconcebidas.

---

[207] NASCIMENTO, Carlos, Valder do; THEODORO JÚNIOR, Humberto; FARIA, Juliana Cordeiro de. *Coisa julgada inconstitucional: a questão da segurança jurídica*. Belo Horizonte: Fórum, 2011. p. 233.
[208] NASCIMENTO, Carlos, Valder do; THEODORO JÚNIOR, Humberto; FARIA, Juliana Cordeiro de. *Coisa julgada inconstitucional: a questão da segurança jurídica*. Belo Horizonte: Fórum, 2011. p. 234.

À luz desse entendimento, prescrevem Humberto Theodoro e Juliana Cordeiro que:

> "A atribuição de eficácia apenas *ad futurum* às decisões que versam sobre a inconstitucionalidade de determinado ato, inclusive a *res iudicata*, é uma técnica que se destina a 'atenuar notavelmente a contraposta doutrina da eficácia *ex tunc*, ou seja da retroatividade', permitindo 'graduar progressivamente a efetividade da Constituição sem o preço de uma comoção social a cada novo escalão'. E a aludida técnica há de ser aplicada 'principalmente naquelas hipóteses em que uma lei tenha sido, por muito tempo, pacificamente aplicada por todos e sua nulidade pode ocasionar graves repercussões sobre a paz social, ou seja, sobre a exigência de um mínimo de certeza e estabilidade das relações e situações jurídicas'"[209].

Por fim, concluem os mencionados autores que a fim de não ser aviltada a segurança jurídica, as decisões que desconstituírem a coisa julgada inconstitucional deverão produzir efeitos *ex nunc*, para atingir somente atos supervenientes, sendo preservados assim simultaneamente os princípios da supremacia da Constituição – permitindo a desconstituição da *res iudicata* que lhe seja ofensiva – e da segurança jurídica – impedindo que a produção de efeitos retroativos.

---

[209] *Ibid.* p. 237.

6. CONCLUSÃO

A coisa julgada é instituto de extrema importância em nosso ordenamento jurídico, possuindo amparo tanto no plano constitucional quanto infraconstitucional, sendo que enquanto neste assegura-se sua intangibilidade, na Constituição Federal, protege-se a sentença que já transitou em julgado, impedindo a retroatividade da lei até a mesma.

Por meio da consagração da intangibilidade da *res iudicata*, sobretudo no âmbito infraconstitucional – Código de Processo Civil – assegura-se a estabilidade das relações jurídicas constituídas, bem como o princípio da segurança jurídica, um dos alicerces em que se sustenta o Estado Democrático de Direito.

Ocorre que os princípios da intangibilidade da *res iudicata* e o princípio da segurança jurídica, assim como quaisquer dos outros princípios constitucionais, não são princípios absolutos. O que significa dizer que ante um conflito aparente entre tais princípios com outros princípios constitucionais que lhes sejam superiores, os mesmos deverão ceder, isto é, serão relativizados, para que seja aplicado o princípio prevalecente. Conclusão a que se chega por meio da técnica da ponderação de valores.

Exatamente isso que ocorre nas hipóteses em que há a denominada coisa julgada inconstitucional, que nada mais é que a qualidade que adquire a sentença incompatível com os preceitos constitucionais após o trânsito em julgado.

Nos casos em que a autoridade da coisa julgada recai sobre sentença inconstitucional, há justamente um conflito entre os princípios da intangibilidade da coisa julgada e da segurança jurídica em face dos princípios constitucionais atingidos. Hipótese em que a depender da gravidade da ofensa à Constituição, a coisa julgada poderá ser desconstituída a fim de ser preservada a supremacia da Constituição.

Defende-se no presente trabalho que embora a coisa julgada inconstitucional possa ser mitigada a fim de ser preservada a supremacia da Constituição, o Estado Democrático de Direito e, inclusive, o próprio princípio da segurança jurídica, há limites para essa impugnação. O que se impõe justamente para evitar a banalização do instituto, ante sua importância para o ordenamento jurídico brasileiro.

Nessa perspectiva, entende-se que a coisa julgada inconstitucional poderá ser impugnada por meio da ação rescisória, com fulcro no art. 485, V, do CPC, nos casos em que a sentença violar os preceitos constitucionais, independente de haver precedente vinculante do Supremo Tribunal Federal declarando inconstitucional a lei ou ato normativo em que se funda a sentença. Caso este em que a ação rescisória deverá ser proposta respeitando o prazo legal de dois anos, contados do trânsito em julgado da decisão, previsto no art. 495 do CPC.

Mostra-se possível, também, impugnar a coisa julgada inconstitucional em sede de execução por meio dos embargos à execução e impugnação ao cumprimento de sentença, que serão admitidos em conformidade com os artigos 741, parágrafo único e 475-L, §1º do CPC, nos casos em que houver declaração de inconstitucionalidade do Supremo Tribunal Federal em sede de controle concentrado de constitucionalidade ou tratando-se de controle difuso, nos casos em que o Senado Federal, em conformidade com o art. 52, X, da Constituição, suspender a execução da lei declarada inconstitucional pelo Supremo.

Por fim, registre-se a possibilidade de realizar a quebra da coisa julgada inconstitucional independente da observância de qualquer prazo, e mesmo que já finda a fase de execução, por meio da ação declaratória de nulidade (*querela nullitatis*) nos casos em que houver declaração de inconstitucionalidade da lei ou ato normativo pelo Supremo Tribunal Federal com efeitos retroativos (*ex tunc*), *erga omnes* e vinculante. O que somente ocorrerá em sede de controle concentrado de constitucionalidade e no controle difuso, nos casos em que o Senado Federal editar resolução para suspender a execução da lei dita inconstitucional.

7. REFERÊNCIAS BIBLIOGRÁFICAS

BARBOSA MOREIRA, José Carlos. *Comentários ao Código de Processo Civil*. Vol. V. 14. ed. rev. e atual. Rio de Janeiro: Forense, 2008.

_____. A Eficácia preclusiva da Coisa Julgada Material. *In: Revista dos Tribunais*. São Paulo: Revista dos Tribunais, ano 61, nº 441, julho de 1972.

_____. Eficácia da Sentença e Autoridade da Coisa Julgada. *In: Temas de Direito Processual Civil*. Terceira Série.

_____. Ainda e Sempre a Coisa Julgada. *In: Direito Processual Civil: Ensaios e Pareceres*. Rio de Janeiro: Editor Borsoi, 1971.

_____. *Direito Aplicado II – Pareceres*. Rio de Janeiro: Forense, 1984.

BARROSO. Luís Roberto. *O controle de constitucionalidade no direito brasileiro: exposição sistemática da doutrina e análise crítica da jurisprudência*. São Paulo: Saraiva, 2004.

BONAVIDES, Paulo. *Curso de direito constitucional*. 13. ed. São Paulo: Malheiros, 2003.

BULOS, Uadi Lammêgo. *Curso de Direito Constitucional*. 2. ed. São Paulo: Saraiva, 2008.

CARNELUTTI, Francesco. *Sistema de Direito Processual Civil*. Vol I. 2. edição. São Paulo: Lemos e Cruz, 2004

CARVALHO FILHO, José dos Santos. *Manual de Direito Administrativos*. 23. edição. Rio de Janeiro: Lumen Juris, 2010.

CHIOVENDA, Giuseppe. *Instituições de Direito Processual Civil*. Vol I. São Paulo: Editora Saraiva, 1969.

CINTRA, Antonio Carlos de Araújo; GRINOVER, Ada Pellegrini; DINAMARCO, Cândido Rangel. *Teoria Geral do Processo*. 24. ed. São Paulo: Malheiros, 2008.

DANTAS, Ivo. Coisa julgada inconstitucional: declaração judicial de inexistência. In: NASCIMENTO, Carlos Valder do; DELGADO, José Augusto (Org.). *Coisa Julgada Inconstitucional*. 2. ed. Belo Horizonte: Fórum, 2008.

DELGADO, José Augusto. *Efeitos da coisa julgada e os princípios constitucionais*. Revista Virtual da AGU. Ano II, n. 06, de janeiro de 2001. Disponível em: <http://www.agu.gov.br/sistemas/site/TemplateTexto.aspx?idConteudo=104464&id_site=1 115&ordenacao=1>. Acesso em: 21 out. 2011.

DIDIER JR, Fredie. *Cognição, Construção de Procedimentos e Coisa Julgada: Os Regimes de Formação da Coisa Julgada no Direito Processual Civil Brasileiro*. Revista Diálogo jurídico. n. 10. Janeiro de 2002. Salvador. Disponível em: <http://www.direitopublico.com.br/pdf_10/DIALOGO-JURIDICO-10-JANEIRO-2002-FREDIE-DIDIER-JR.pdf>. Acesso em: 07 out. 2011.

_____. *Curso de Direito Processual Civil*. Vol. I. Salvador: Jus Podivm, 2011.

DIDIER JR, Fredie; BRAGA, Paula Sarno; OLIVEIRA, Rafael. *Curso de Direito Processual Civil*. Vol. II. Salvador: Jus Podivm, 2007.

DINAMARCO, Cândido Rangel. *Instituições de Direito Processual Civil*. Vol. III. 5. ed. São Paulo: Malheiros Editores, 2005.

_____. Relativizar a Coisa Julgada Material. *In: Revista virtual da AGU, Ano II, nº 07, de fevereiro de 2001. Disponível em: <http://www.agu.gov.br/sistemas/site/TemplateTexto.aspx?idConteudo=104463&ordenaca o=1&id_site=1115 >. Acesso em: 20 out. 2011.*

FERRAZ, Sérgio. *Mandado de segurança (individual e coletivo): aspectos polêmicos*. 3. ed. São Paulo: Malheiros, 1996. p. 101.

GIDI, Antônio. *Coisa julgada e litispendência em ações coletivas*. São Paulo: Saraiva, 1995.

GRECO FILHO, Vicente. *Direito Processual Civil Brasileiro*. São Paulo: Saraiva, 2003.

LENZA, Pedro. *Direito Constitucional Esquematizado*. 14. ed. São Paulo: Saraiva, 2010.

LIEBMAN, Enrico Tullio. *Eficácia e Autoridade da Sentença e outros Escritos sobre a Coisa Julgada*. 4. ed. Rio de Janeiro: Forense, 2007.

LIMA, Paulo Roberto de Oliveira. *Contribuições à teoria da coisa julgada*. São Paulo: Revista dos Tribunais, 1997.

MACEDO. Alexander dos Santos. *Da querela nullitatis: sua subsistência no direito brasileiro*. 2. ed. Rio de Janeiro: Lumen Juris, 2000.

MARINONI, Luiz Guilherme. *Coisa julgada inconstitucional: a retroatividade da decisão de (in)constitucionalidade do STF sobre a coisa julgada: a questão da relativização da coisa julgada*. 2. ed. rev. e atual. São Paulo: Revista dos Tribunais, 2010.

MENDES, Gilmar Ferreira. Coisa Julgada Inconstitucional: considerações sobre a declaração de nulidade da lei e as mudanças introduzidas pela Lei nº 11.232/05. In:

NASCIMENTO, Carlos Valder do; DELGADO, José Augusto (Org.). *Coisa julgada inconstitucional*. 2. ed. Belo Horizonte: Fórum, 2008.

MENDES, Gilmar Ferreira; COELHO, Inocêncio Mártires; BRANCO, Paulo Gustavo Gonet. *Curso de Direito Constitucional*. 2. ed. São Paulo: Saraiva, 2008.

MORAES, Alexandre de. *Direito Constitucional*. 23. ed. São Paulo: Atlas. 2008.

MOTTA FILHO, Sylvio Clemente; SANTOS, William Douglas Resinente dos. *Controle de constitucionalidade: uma abordagem teórica e jurisprudencial*. 2. ed. Rio de janeiro: Impetus, 2002.

NASCIMENTO, Carlos Valder do. *Por uma teoria da coisa julgada inconstitucional*. Rio de Janeiro: Editora Lumen Juris, 2005.

NASCIMENTO, Carlos Valder; THEODORO JÚNIOR, Humberto; FARIA, Juliana Cordeiro de. *Coisa Julgada Inconstitucional: a questão da segurança jurídica*. Belo Horizonte: Fórum, 2001.

NEVES, Celso. *Coisa Julgada Civil*. São Paulo: Revista dos Tribunais, 1971.

OTERO, Paulo. *Ensaio sobre o caso julgado inconstitucional*. Lisboa: Lex, 1993.

RODRIGUES, Marcelo Abelha. *Manual de Direito Processual Civil*. 5. ed. São Paulo: Revista dos Tribunais, 2010.

SANTOS, Moacyr Amaral. *Comentários ao Código de Processo Civil*. Vol. IV. 4. ed. Rio de Janeiro: Forense, 1988.

_____. Primeiras *Linhas de Direito Processual Civil*. V. III. 20. ed. São Paulo: Saraiva, 2003.

SILVA, José Afonso da. *Curso de Direito Constitucional Positivo*. 24. ed. São Paulo: Malheiros Editores, 2005.

_____. *Aplicabilidade das normas constitucionais*. 7. ed. São Paulo: Malheiros Editores. 2009.

SIQUEIRA, Pedro Eduardo Pinheiro Antunes de. *A coisa Julgada Inconstitucional*. Rio de Janeiro: Renovar, 2006.

TALAMINI, Eduardo. *Coisa Julgada e sua Revisão*. São Paulo: Editora Revista dos Tribunais, 2005.

TEIXEIRA, Sálvio de Figueiredo. *As garantias do cidadão na justiça*. São Paulo: Saraiva, 1993.

THEODORO JÚNIOR, Humberto; FARIA, Juliana Cordeiro de. Reflexões sobre o princípio da inttangibilidade da coisa julgada e sua relativização. In: NASCIMENTO, Carlos Valder do; DELGADO, José Augusto (Org.). *Coisa julgada inconstitucional*. 2. ed. Belo Horizonte: Fórum, 2008.

WAMBIER, Teresa Arruda Alvim; MEDINA, José Miguel Garcia. *O Dogma da Coisa Julgada Hipóteses de Relativização*. São Paulo: Editora Revista dos Tribunais, 2003.

_____. Meios de impugnação das decisões transitadas em julgado. In: NASCIMENTO, Carlos Valder do; DELGADO, José Augusto (Org.). *Coisa julgada inconstitucional*. 2. ed. Belo Horizonte: Fórum, 2008.